Adolf Eckstein

Nachträge zur Geschichte der Juden im ehem. Fürstbistum Bamberg

Adolf Eckstein

Nachträge zur Geschichte der Juden im ehem. Fürstbistum Bamberg

ISBN/EAN: 9783743626881

Hergestellt in Europa, USA, Kanada, Australien, Japan

Cover: Foto ©ninafisch / pixelio.de

Weitere Bücher finden Sie auf **www.hansebooks.com**

Nachträge

zur

Geschichte der Juden

im

ehem. Fürstbistum Bamberg

von

Dr. A. Eckstein.

BAMBERG

Druck und Verlag der Handels-Druckerei

1899

I.

Die Untersuchung des jüdischen Gerichtes von Bamberg im Jahre 1793–94.

In meiner „Geschichte der Juden im ehemaligen Fürstbistum Bamberg" habe ich S. 177—78 (vergl. auch S. 196) auf Grund eines Aktenauszugs über eine von der fürstbischöflichen Regierung a. 1793—94 veranstaltete Untersuchung der rabbineramtlichen Gerichtsbarkeit in Bamberg einige Mitteilungen gemacht. Nachdem seit dem Erscheinen des Werkes die vollständigen und lückenlosen Akten dieser Untersuchung aufgefunden wurden und dieselben nicht nur interessante Streiflichter auf die Institution der jüdischen Gerichtsbarkeit werfen, sondern auch uns in die Lage versetzen, als unparteiische Zeugen einer Untersuchung beiwohnen und folgen zu können, die vor hundert Jahren auch über den engeren Kreis hinaus Aufsehen erregte, glauben wir, dass diese Angelegenheit eine erneute und ausführliche, teils ergänzende und teils berichtigende Darstellung verdient und erfordert. Dass bei einem solchen Wiederaufnahmeverfahren, wie wir diese neue Darstellung nennen dürfen, von den Ergebnissen des neuen Aktenfundes auch die ursprüngliche Auffassung und Beurteilung der Angelegenheit nicht unbeeinflusst bleiben konnte, wird dem Leser als selbstverständlich erscheinen.[1]

---

[1] Quellen: 1. Aus den Beständen des Kreisarchivs „Kommissions-Akten in der Untersuchungssache des jüdischen Gerichts dahier" (App.-Ger. S. II Nr. 35), die ich kurz nach Folien, und 2. aus den Beständen des Historischen Vereins „Definitiver Vortrag in der Untersuchungssache des jüdischen Gerichts", den ich nach Paragr. citiren werde. — Ich kann auch diese Gelegenheit nicht vorübergehen lassen, ohne mit gebührendem Danke der bereitwilligen Unterstützung zu gedenken, die mir bei meinen Arbeiten von Seiten der Herren Kgl. Kreisarchivar Sebert und Kgl. Archivsekretär Dr. Riedler geworden ist.

Durch Cessionsurkunde vom 9. November 1779 hatte Abraham L e s a r in Bamberg von Hirsch Isaak, einem Sohne des Isaak Löw in Neunkirchen bei Mergentheim, eine sogen. Aaron Bärische oder Schwarzische Forderung von 15 auf die Landschaftskasse von Pfalz-Neuburg ausgestellten Assignationen erworben, eine Forderung, die schon damals über 50 Jahre im Prozess gelegen und aus Mangel an Mitteln nicht hatte betrieben werden können, nunmehr aber, nachdem Neuburg 1777 mit Bayern vereinigt worden, neue Aussichten des Erfolges hatte. Von diesen 15 Assignation gehörten 6 den Erben des Isaak Löw Neukirchen in Mannheim, 6 den Erben des Wolf Model in Neuburg und 3 den Erben des Seckel Marktbreit. Mit diesen drei Teilhabern schloss nun L e s a r einen Vertrag, kraft dessen ihm die Beitreibung der uralten Schuldforderung unter der Bedingung übertragen wurde, dass er im Falle des Gelingens die Hälfte der Assignationen erhalten sollte, im Falle des Misslingens aber das Risiko der Kosten allein zu tragen hätte, so dass aus ursprünglich drei jetzt vier H a u p t t e i l h a b e r der auf dem Wege des Vergleiches oder Rechtsstreites zu erringenden Forderungssumme geworden waren. L e s a r trat nun in ein Sozietätsverhältnis zu dem Landdeputirten S a m. H a j u m, einem Schutzjuden des Freiherrn von Marschalk in Trabelsdorf, dem 10 % seines eigenen Anteils zufallen sollten. L e s a r erlebte aber nicht den Ausgang des von ihm unternommenen Feldzuges gegen die Landschaftskasse von Neuburg. Nach seinem Ableben wurden, da seine Relikten noch minderjährig waren, von dem damaligen Rabbiner J e i d e l K o h n[1] und den Deputirten der Gemeinde nicht nur mit S a m. H a j u m, dem noch weitere 5 % in Aussicht gestellt wurden, die Verhandlungen fortgesetzt, sondern auch gegen Zusicherung einer Vermittelungsgebühr von $33\frac{1}{3}$ % des Lesarischen Anteils zum Unterunterhändler der Churfürstlich - Pfalzbayerische Hoffaktor Is. Löw W e r t h e i m e r[2] gewonnen, dem es endlich durch den Einfluss, den er am Münchener Hofe hatte, gelang, mit diesem am

---

[1] S. meine Geschichte S. 175.   [2] Er stammte aus Bayreuth und verzog von da nach München.

5. Februar 1791 einen Vergleich zustande zu bringen, nach welchem für die ganze Forderung an Kapital und Zinsen 100000 fl. in drei Fristen bezahlt und unter die Interessenten verteilt werden sollten. Als Teilungsinstanz wurde von den Interessenten mit Zustimmung des Münchener Hofes und mit Bestätigung der fürstbischöflichen Regierung vom 21. März 1791 das Rabbineramt in Bamberg gewählt, in welchem damals der von Fürth, wo er als Rabbinatsassessor amtirt hatte, hierher 1789 berufene Oberlandesrabbiner M a y e r L ö w B e r l i n den Vorsitz hatte.

Derselbe, ein Spross alten edlen Stammes, war ein Urenkel des 1700 verstorbenen Rabbinatsverwalters von Halberstadt B e n e d i k t ben Meier und Enkel des R. S a n w e l H a l b e r s t a d t, Rabbinatsassessors zuerst in Halberstadt, dann in Berlin, zuletzt in Strelitz, wo er 1742 das Zeitliche segnete. [1] Von den acht Kindern, die aus der Ehe des R. Sanw. Halberstadt mit Rechel, einer 1725 verstorbenen Tochter Hirsch Wiener's, der mit seinem Vater Mord. Model von Wien nach Berlin gekommen war, hervorgingen, interessirt uns hier nur ein Sohn, namens Abr. M a i e r, der nach seinem Aufenthaltsorte den Namen B e r l i n trug und den wir später in angesehener Stellung als Kassier der jüdischen Gemeinde und als einflussreichen Hofmünzlieferanten des Markgrafen von Ansbach in F ü r t h antreffen, wo er am 7. Januar 1780 verstorben ist. [2] Aus der Ehe desselben mit Röschen Dina, einer am 3. Juli 1768 in Fürth verstorbenen Tochter des gelehrten Feibelmann Emmerich aus Frankfurt a. M., gingen zwei Söhne hervor, welche bestimmt waren, altberühmte Rabbinatssitze einzunehmen:

a) N o a H a j u m H i r s c h, geb. 1737 in Fürth, Rabbiner in Bayersdorf und Bayreuth, dann in Mainz und Hamburg-Altona·Wandsbeck, vermählt mit der 1842 in Fürth verstorbenen Tochter des Elias Bär Nathan aus Schwabach, eines Enkels des Abr. Broda, Eleonore Levi, Witwe des Oberrats Levi in Karlsruhe [3]

---

[1] Siehe A u e r b a c h: Geschichte der Gemeinde Halberstadt S. 33; G e i g e r: Geschichte der Juden in Berlin II S. 75; L a n d s h u t h: Ansche haschem S. 7, 22 und 28; H a m b u r g e r: Jubelpredigt zur Feier des hundertjährigen Bestandes der Synagoge in Altstrelitz S. 16. Israelitische Monatsschrift 1890 Nr. 10.   [2] Siehe F r o n m ü l l e r: Chronik der Stadt Fürth S. 144 und 404; H ä n l e: Juden in Ansbach S. 103; B a r b e c k: Juden in Nürnberg und Fürth S. 81 und 84; L ö w e n s t e i n in Zeitschrift für Geschichte der Juden in Deutschland 1888 S. 89; Israelitische Monatsschrift Nr. 10 vom Jahre 1890; Vorwort zu Aze almugim und Aze arosim.

[3] Vgl. Vorwort der von ihm verfassten Aze almugim und Aze arosim.

b) **M a y e r L ö w**, geb. 1738 in Fürth, vermählt mit Rechel, einer Tochter des Vorstehers Bermann Hamburger in Fürth.[1]

Mit der Uebertragung des umfangreichen und verantwortungsvollen Teilungsgeschäftes war dem damit betrauten, durch Fachgelehrsamkeit und juristischen Scharfsinn ausgezeichneten Rabbiner von Bamberg[2] eine schwere Last auf die Schultern gelegt, - eine mühevolle und undankbare Aufgabe, von der er bei ihrer Uebernahme nicht ahnen konnte, dass er an ihr eine schier endlose Kette von Unannehmlichkeiten und Widerwärtigkeiten zu tragen haben würde. Es wurde mit folgender Ediktal-Vorladung eingeleitet:

„Nachdem von Hochf. Regierung zu Bamberg mir Endesunterzeichneten Rabiner, dann denen Deputirten dahier mittels gn. Dekrets vom 21. d. M. der Auftrag erteilt worden ist, bey vorzunehmender Repartition derjenigen Gelder, welche durch einen in der Aron bärischen modo Lesar Abrahamischen Schuldforderungssache mit dem Kurf. Pfalz-Neuburgischen Commissariat getroffenen Vergleich an uns gedichen seyn werden, die allenfalls noch vorhandenen Prätendenten unter behöriger Warnung vorzuladen; Als geschiehet hiemit an alle diejenige, welche auf obgedachte Gelder Anspruch zu machen gedenken, die öffentliche und präjudizierte Vorladung, binnen einer Zeitfrist von 60 Tägen, und zwar 20 Täge für den ersten, 20 für den zweiten und 20 für den dritten Termin bey uns als bey der bestimmten Theilungsinstanz zu erscheinen und ihre vermeintlichen Prätensionen anzubringen, ausserdem aber und nach Verfliessung dieser vorgestekten Zeitfrist zu gewärtigen, dass mit sothaner Theilung ohngehindert fortgefahren, und derjenige, der alsdann erst mit seiner Anforderung auftretten würde, damit ausgeschlossen werde."

Bamberg, den 18. März 1791.

Löw Mayer Berlin,
Hochf. Bambergisch. Land Oberrabiner.[3]

---

[1] Vgl. Löwenstein a. a. O. S. 90.   [2] Ehrentreu hat ein Handexemplar des Tr. Chulin mit gelehrten Randbemerkungen aus dem Nachlass des L. B. benutzt. (Dikd. Sofr. Chulin, Vorwort.) Vgl. auch Auerbach a. a. O. S. 91. In den Vorworten seiner Werke bezeichnet ihn sein älterer Bruder als „jünger an Jahren und älter an Weisheit und Erkenntnis" und teilt am Schlusse des Aze arosim eine halachische Abhandlung des Bruders mit. Beide Brüder genossen den Unterricht ihres gelehrten Vaters. [3] Diese Vorladung wurde dreimal im Bamberger Intelligenzblatt (Nr. 26 ff.), im Nürnberger Friedens- und Kriegs-Courier (Nr. 47 ff.), in der Augsburger Ordinäre Zeitung (Nr. 82 ff.) und Frankfurter Kaiserliche Reichs-Ober-Post-Amts-Zeitung (Nr. 80 ff.) veröffentlicht.

Noch war die Praejudicialfrist nicht verstrichen, da
tauchten schon wie drohende Wetterzeichen die Differenzen
auf unter denen, die von der *auri sacra fames* ergriffen, gehofft
hatten, dass ein Goldregen auf sie alle niederprasseln würde.
Jeder der Interessenten wollte einen Löwenanteil davontragen,
Jeder, der auch nur im entferntesten mit der Sache zu thun
gehabt, mindestens ein *„proxeneticum"* erwischen. Zwar haben
wir oben S. 4 gesehen, dass es nur vier Hauptteilhaber an der
Vergleichsumme gab, aber nicht vier Köpfe, sondern vier
Gruppen.

„So leicht die Verteilung anscheinet, eben so vielen Beschwer-
nissen ist sie aus der Ursache unterworfen, weil in so langen Jahren,
welche hindurch dieses Pfalz-Neuburgische Schuldenwesen andauerte, die
Theilhaber verstorben, solche Forderung daher an ihre Erben, und von
diesen anderweit an die Erben und auf solche Art manchmal schon in
den 3. und 4. Grad gediehen sind, wodurch die Zahl der Theilhaber zum
Erstaunen angewachsen, und derenselben rechtliche Zusprüche so verwickelt worden sind, dass Theilhaber gegen Theilhaber, diese aber unter
sich selbsten wieder uneinig sind, solcher gestalten, dass Prozesse auf
Prozesse sich anhäuften."[1] „Diese vielfache beträchtliche Prozesse, ohne
an die übrige geringere zu gedenken, geben hinreichend zu erkennen,
wie schwer es sey, mit Leuten von derley Gemüthsarten und Prozess-
begierde fertig zu werden."[2]

In diesem Kampfe Aller gegen Alle der lauteste Schreier
war Männlein Lesar.[3] Wir haben oben S. 4 gesehen, dass
auf den Lesarischen Anteil $7\frac{1}{2}$ Assignationen = 50000 fl.
entfallen sollten, die sich aber in verschiedene kleinere und
grössere Teile zersplitterten: a) Wertheimer hatte $33\frac{1}{3}\%$
zu fordern,[4] b) Sam. Hajum 15%, c) Hirsch Regensburger,
ein Enkel des alten Lesar, $12\frac{1}{2}\%$, d) das Uebrige bildete

---

[1] Aus einer Zuschrift des Rabb. an die Regierung vom 27. April 1792
in Com.-Akt. f. 107 b.   [2] F. 111 b.   [3] Er wohnte im Lämmleinshofe.
[4] Ausserdem hatte derselbe nicht nur auch andere Erbanteile durch Kauf
erworben, sondern auch nach dem Tode des alten Lesar schleunigst dessen
Witwe geheiratet und die Zurückforderung ihrer eingebrachten Mitgift bei
der Les. Masse angemeldet. Mit den Papieren wurde überhaupt ein schwung-
hafter Handel betrieben. Dan. Burger in Bamberg und Bankiers Gebr.
Nocker in München hatten Anteile gekauft und mussten sich, trotzdem sie
Christen waren, vor den jüd. Gerichtsstand in Bamberg einlassen. Vgl.
meine Geschichte S. 188—89.

den Anteil des Männlein. Wir machen seine Bekanntschaft im Lochhaus, wohin er wahrscheinlich in Folge eines Concurses, in welchen er nach dem Tode seines Vaters verfallen war, geraten.[1] Die auf ihn entfallende Rate aus den beiden ersten Fristzahlungen hätten also zur rechten Zeit in sein Schicksal eingreifen und sein Retter aus der Not sein können, wenn Lesar nicht ein so arger Schuldenmacher gewesen wäre.[2] Von den für ihn eingehenden Geldern ordnete der Rabbiner seinen Concurs, zahlte seine unbezahlbaren Schulden, gab ihm und seiner Schwester Telzla wöchentliche Alimente, an dem Rest zehrten die Prozesskosten. Kein Wunder, dass eines Tages diese Gelder völlig erschöpft waren und der Rabbiner ein ihm von dem Anwalt der Lesarischen Erben, Karl Jos. Molitor, vorgelegtes Deservitenconto zu honoriren sich weigerte.[3] Das war verhängnisvoll, das erste Glied einer unabsehbaren Kette von Unannehmlichkeiten, von welcher sich frei zu machen der Rabb. jahrelang mit ganzer Manneskraft einen Kampf führen musste, der ihm das Leben verbitterte und beinahe seine Existenz vernichtet hätte. Die Folge der verweigerten Auszahlung der Anwaltsrechnung war, dass sich Enttäuschung und Unzufriedenheit auf der einen Seite, Missgunst und confessionelle Gehässigkeit auf der andern Seite die Hand reichten zu dem Zwecke, gegen das jüd. Gericht und insbesondere gegen die Person seines Leiters mit Beschwerden bei der Regierung vorzugehen. Gegen die erste noch harmlose Beschwerde wendet sich der Rabb. mit voller Entrüstung in folgender Replik:

---

[1] Schon der alte Lesar war aus irgend ein'm Grunde in eine zentamtliche Untersuchung verwickelt. Reg.-Akt. 1795 Nr. 21 f. 125. [2] Die Gelder erster Frist waren durch Männlein und den Deput. Bar. Süsslein am 14. März 1791 in München abgeholt worden, wofür der letztere 900 fl. bekommen sollte, aber eine Forderung von 3200 fl. geltend machte; die 2. Frist wurde durch Jos. Wertheimer in Fürth am 25. August 1791 einkassirt, wofür derselbe eine Provision von 583 fl. 20 Kr. erhob. Beide Fristen ergaben nur c. 46000 fl. für sämmtliche Interessenten, da c. 20000 fl. von der Zahlstelle sofort zurückbehalten wurden. [3] Der Anwalt der Les. vor dem jüd. Gerichte war Löw Reckendorf.

„So empfindlich und weh es mir immer als einen ehrbefliessenen Mann fallen muss, durch die Von den unerkenndlichen Läsarischen Erben gewagte Verläumbtung, als hätte ich pflicht Vergessen eine Bedrückung derselben oder Hemmung des Justizlaufes biebey zur Absicht mich angetastet zu sehen, se rechtfertigend glaube ich mein Benehmen in Rückhaltung weiterer Bezahlung dieser 47 fl. 50 Kr. unterthänigst darlegen zu Können.

Eürer Hochfürstlichen Gnaden habe ich nemlich bereits unter den 28. September dieses Jahres in Vergesellschaftung der dahiesigen Deputirten die unterthänigste Anzeige berichtlich erstattet, dass ich an besagte Läsarische Erben (ohngeachtet dieselbe an den nunmehr eingegangenen Zweyen Fristen nicht den mindesten Anspruch mehr machen Können) nur um sie aus ihren bey den damals eintrettenden Feyertägen bedürfnissvollen Umständen zu reisen, 100 fl. rh. aus meinen eigenen Mitteln Vorzustrecken, mich erbarmte; Allein bey diesen Mitleiden blieb es nicht; denn ob ich gleich genug geführde auf mich geladen zu haben wahrnahm, und mich zu mehreren Vorstreckungen nicht hätte Verleiten lassen sollen, so wusten dennoch gedachte Läsarische Erben Verschiedene Fürsprecher zu werben, und mich durch dieselbe einzunehmen, Von welchen ich gleichsam Gewalt leiden muste, denenselben ein weit Beträchtligeres vorzustrecken.

Hiebey Kan ich es nicht Verhehlen, dass ich damals mit der ihnen zu machenden Berechnung wegen den in dieser Sache eingewurzelten Verwirrungen mich nicht so bekannt machen Konnte; hätte ich die Lag der Sache eben so gekannt, als jez, da ich denenselben die pünktlichste Berechnung Vorgeleget, und übergeben habe, auch zufolge dessen mir eine beträchtliche Summa Von ihnen heraus Komt, so würde es den Läsarischen Erben mit allen ihren Versteckten Kunstgriffen nicht gelungen seyn, mein mittels nicht geringer Arbeit und ehrlich erworbenes wenige mir und meiner Familie, die es zu jederzeit Bedarf, zu entziehen, und Von diesen leüthen Verprassen zu lassen. Indessen ist es geschehen, und ich muss die Wiederhabhaftwerdung des ihnen geleisteten Vorschusses nun vom Schicksal abhängen lassen.

Dem allen ungeacht muss ich meine zeither den Läsarischen bewiesene Gutherzigkeit noch mit dem gröbsten Undank beantworten, und sogar die niederträchtigsten Verläumbdungen sie nur bedrücken und pflicht Vergessen den Justizlauf hemmen zu wollen, zum Lohn einärnden. Diess Konnte aber nur der ausgearteten Menschen Klasse den Läsarischen Erben eigen seyn, mich Vor meinen gnädigsten Fürsten und Herrn Herrn nachgesezten preissvollsten regierung so angeschwärt sehn zu müssen, ich Kan aber Von denen höchst erleuchtesten Einsichten hofen, dass solche Verläumbdungen bey Eurer Hochfürstlichen Gnaden nicht den geringsten Eindruck gemacht haben werden, weswegen ich um die mir billig gebührende Genugthuung anzustehen zur Zeit noch übergehe, mir aber solche zu einer andern Gelegenheit unterthänigst Vorbehalte.

Es Kan mir demnach auf Keine weiss Verarget werden, wenn ich ohne die mir und den Meinigen zugezohene Gefärde zu Vermehren, dem unverschämten groben Ansinnen der Läsarischen Erben, die aus denen erhaltenen Abrechnungen wissen, dass ihre Foderungen durch die mir abgedrungene Erhebungen längst Verschlungen seyen, und wie gesagt mir schon sehr Viel Von ihnen heraus Komme,[1] mich zur weiteren Bezalung des angewachsenen Deserviten Betrags, den sie doch bey gemäsigter Wirthschaft Von den ihnen zu handen gestelten Geld leicht hätten Tillgen Können, nicht unterziehe, Vielmehr Kan ich mit der Tiefesten Zuversicht Von der Euer Hochfürstlichen Gnaden Höchst beywohnenden Gerechtigkeitsliebe erwarten, dass die Läsarische Erben mit ihrer so billigkeitswidrigen als ungerechten Anfoderen ab und zurück Verwiesen werden.

Der ich mit Tiefester Erniedrigung ersterbe Eurer Hochfürstlichen Gnaden Treu gehorsamster

Bamberg, den 14. November 1792.

(gez.) Löw Mayer Berlin
Hochfürstl. Bamb. Ober Land Rabiner."[2]

Man wird den Ton ehrlicher Entrüstung, der aus dieser Eingabe schreit, unmöglich überhören. Dagegen wurde von Molitor, wie sich nicht leugnen lässt, der Kampf mit persönlicher Erbitterung und mit unlautern Waffen der Missdeutung und Verdächtigung geführt. Am 29. November 1792 reichte er eine Denunciation ein, welche die ungeheuerlichsten Beschuldigungen, auf die wir noch später zurückkommen, besonders gegen die Person des Rabbiners enthielt, ein Schriftsatz, den der Regierungsreferent selbst eine „in ihren Ausdrücken schreiende Vorstellung" nennt und dessen Inhalt sich zusammenfassen lässt in die Behauptung, es sei den Lesarischen allein ein Betrag von über 3600 fl. an Gerichtskosten und Douceurs abgenommen worden. Diese Behauptungen suchte Molitor mit den zu den Akten gegebenen hebräischen Original-

---

[1] Diese Behauptungen werden unterstützt durch eine Notiz, die sich in den weiter unten zu erwähnenden Rechnungen findet: „Gegen Quittung von 3. Tag Nissen, wo sie (Telzla) zugleich verbündlich gemacht, bis nach Eingang der 3. Frist und ihr ganz geschäft zu Ende seyn werden, nichts mehr von mir (dem Rabbiner) zu verlangen, 25 fl." (F. 186 b.) [2] F. 166 ff. Sein Amtssiegel zeigt in der Mitte sein Monogramm (M. L. B.) auf rundem Schilde, getragen von einem links stehenden Löwen, überdeckt von einer vierzackigen Krone, und die Umschrift: HF. Bamb. U. Rittersch. O. L. Rabiner.

berechnungen aus der Hand des Rabbiners zu beweisen, denen eine von den Gegnern veranlasste deutsche Uebersetzung beigegeben war, auf deren Verhältnis zum Original wir später eingehen werden. Diese Denunciation erregte so grosses Aufsehen bei der Regierung, dass sie als zu einer „peinlichen Untersuchung geeigenschaftet" erklärt und der Hofrat Molitor mit der Untersuchung der Angelegenheit beauftragt wurde. Da derselbe aber mit anderen Geschäften überhäuft war, blieb die Sache trotz des grossen Aufsehens liegen, bis sie durch eine abermalige Beschwerde des Advokaten Molitor vom 27. Juni 1793, die sich mehr gegen die Institution der jüd. Gerichtsbarkeit und ihre angeblichen Missbräuche wendet, in Bewegung gebracht und der Hofrat Professor jur. Elias Adam Reider mit der Untersuchung beauftragt wurde, welche er auch mit eben so grosser Gewissenhaftigkeit als wohlwollender Milde durchführte. Eine ausführliche, zwölf Paragraphen umfassende Instruktion aus dem Kabinet des Fürstbischofs schrieb dem beauftragten Commissarius den genauen Weg vor, auf welchem er vorzugehen hatte, und die 25 Fragen, die in dieser Instruktion formulirt waren, nehmen sich aus wie Maschen in einem Netze, das über das ganze jüd. Gerichtswesen gebreitet werden sollte. Als Sachverständigen gesellte sich der Commissarius den getauften Landgerichtsassessor Hornthal,[1] der trotz seiner Erklärung, „dass er sich schon lange Jahre in der hebräischen als einer sehr critischen Sprache nicht geübt habe," seiner Aufgabe sich gewachsen zeigte.

Am 21. August 1793 früh $^3/_4$9 Uhr begab sich Reider, nachdem er kurz vorher die Juristen und Deputirten der Gemeinde[2] von seinem Erscheinen durch einen Regierungsboten hatte verständigen lassen, in das von seinem Hause nur einige Schritte entfernte Haus des Rabbiners, um die Untersuchung

---

[1] Vgl. meine Geschichte S. 290. [2] Rabbinatsassessoren: Feist Sam. Buttenheimer (seit 1776 im Amte) und Josua Behr (mit dem Sitze in Burgkunstadt). Deputirte: Bar. Süsslein, Sam. Is. Hesslein, Sal. Elkan und Maier Jos. Oppenheimer (auch Frankfurter genannt; er geriet später plötzlich in Verfall).

mit einer kurzen Eröffnungsrede einzuleiten, und „da er ein
gewisses ängstliches Befremden auf den Gesichtern der An-
wesenden zu lesen schien, so liess er auch den Umstand einfliessen, dass Ihro Hochf. Gn. aus Eifer für Gerechtigkeitspflege
schon mehrere ihrer christlichen Gerichte sowohl in hiesiger
Residenzstadt als auf dem Lande hätten untersuchen lassen;
Rabiner und Deputirte seien daher aufgefordert, ohne Entsetzen
und mit Offenheit die an sie zu stellende Fragpunkte zu beantworten." Die Depositenkiste des Oberrabbiners wurde
einstweilen unter Siegel gelegt. Verhöre folgten auf Verhöre,
die der Rabbiner wie Folterqualen empfinden musste. Mit
Licht wurde in alle Ecken hineingeleuchtet, um die Verwaltung
und Handhabung des jüd. Gerichtswesens klarzulegen, so klar,
dass es dem Untersuchungscommissarius nicht entgeht, dass
in den beim Rabbineramte eingereichten Schriften das *„prae-
sentatum"* fehle, oder dass es einmal in den Protokollen statt
resolutum „resolidum" heisse. Von sich glaubte freilich der
Rabbiner behaupten zu dürfen, dass er die Fertigkeit in der
deutschen Sprachkunde besitze, seinen Mitkollegen aber konnte
er einen gleichen Grad von Bildung nicht nachrühmen, und
damit entschuldigte er die Thatsache, dass in die in deutscher
Sprache, aber mit hebr. Charakteren geschriebenen Protokolle des Gerichtes ganze hebr. Sätze einfliessen, wie lateinische
Sätze in deutsche Protokolle. Besondere Verlegenheit bereitete
den jüd. Gerichtspersonen die Frage, ob das Zeugnis eines
Christen vor ihrem Tribunal zugelassen werde.[1] Der Rabbiner
erklärte, dieser Fall wäre ihm in seiner Praxis noch nicht
vorgekommen. Würde der Fall eintreten, so wäre das ein
„Knoten", ob ein Christ, der ja als Zeuge nach christlicher
Prozessordnung immer beeidigt werden müsse, vor einem jüd.
Gerichte, wo ein beeideter Zeuge ein untüchtiger Zeuge ist,
gültiges Zeugnis ablegen könne. Diesen Knoten könne er im

---

[1] Dass gerade um jene Zeit die Minderwertigkeit, wenn nicht gar der
vollständige Unwert einer jüd. Zeugenaussage gegenüber Christen durch
Gesetz ausgesprochen wurde, habe ich in meiner Geschichte S. 185 hervorgehoben.

Augenblicke nicht lösen.[1] Aehnlich erklärten die beiden Nebenrabbiner: „Würde der Fall eintretten, so würden sie zwar in
die Aussage eines Christen im allgemeinen so wenig ein Mis-
trauen setzen, als in ein christl. gerichtl. Zeugnis, nur stiesse
ihnen der Zweifel auf, ob christl. Zeugen, wenn sie auch vor
ihrem christl. Richter eidlich abgehört worden wären, ein
gültiges Zeugniss bei ihnen geben könnten, da nach ihren
Gesetzen ein beeydeter Zeug ein untüchtiger Zeug wäre.
Diess sey aber nur Zweifel, den sie itzt nicht lössen könnten,
sondern bey vorkommendem Falle erst darüber studiren müssten,
um ihn gründlich zu beurteilen." (F. 63.) Noch sei an dieser
Stelle hervorgehoben, dass in dem Falle, der aber äusserst
selten war, wo Juden es auf eine Execution des Urteils an-
kommen liessen, der Rabbiner dies den Deputirten mitteilte,
welche mit Zuhilfenahme des Vicedomamts, auf dem Lande der
competenten Amtsstelle, die Vollstreckung durchzusetzen hatten.
Der grosse Bann, der wie eine „Excommunication und Ehr-
losigkeit seye," wurde nur in aussergerichtlichen Fällen
angewendet.

Vom sachlichen Gebiete wurde die Untersuchung, deren
eigentlicher Zweck war, dem jüd. Gerichtswesen eine neue
Verfassung zu geben, allmählich übergeleitet auf das Persönliche, und um nach beiden Richtungen die Untersuchung möglichst gründlich und umfassend durchführen zu können, wurde
an sämmtliche Vogteiämter, in deren Bezirken Juden wohnten,
folgendes Decret herausgegeben:

„Nachdem Seine Hochf. Gnaden den Zustand des in hies. Residenzstadt gnäd. bewilligten jüd. Gerichts überhaupt untersuchen zu lassen
Sich entschlossen haben: als wird Vögten (Richtern, Amtsverwesern etc.)
andurch aufgegeben, sowohl allen seiner Gerichtsbarkeit untergebenen
Juden mittels amtlicher Signatur dieses in der Absicht bekannt zu
machen, damit ein jeder bei der zur Untersuchung gn. dahier angeordneten Commission seine etwaigen Beschwerden anbringen oder
sonstigen Vorstellungen thun könne, als auch diesen höchsten Entschluss

---

[1] Nach jüd. Prozessordnung wurde der Zeuge nicht beeidet, es wurde
ihm nur vor der Aussage eine „Gewissenrede" vom Rabbiner gehalten und
dieses Insgewissenreden „wird bey den Juden so hoch gehalten wie ein förm-
licher Eid."

den benachbarten ritterschaftlichen Beamten zu eröffnen, damit den unter ritterschaftlicher Gerichtsbarkeit eingesessenen Juden hievon zu ihrer Bemessung Nachricht ertheilet werde.

Decretum Bamberg den 29. November 1793.

Aus hochf. Commission."[1]

Ferner erschien in den Zeitungen folgende Veröffentlichung:

„Nachdem man bewogen worden ist, das Depositenwesen der seit dem Jahr 1765 dahier bewilligten jüd. Gerichtsstelle in eine verfassungsmässige Ordnung zu setzen: als werden alle und jede, welche bey benannter Gerichtsstelle etwas deponirt haben; oder sonst dabey interessirt sind, innerhalb zerstörlicher Zeitfrist von 3 Monaten bey der dazu gn. angeordneten Commission entweder selbst oder durch hinlängliche Bevollmächtigte zu erscheinen und ihre gemachten Hinterlegungen oder das ihnen hierunter zustehende Interesse zu bescheinigen andurch vorgeladen; mit der Verwarnung, dass sonst auf ihre diesfallsigen Forderungen keine rechtliche Rücksicht mehr werde genommen werden.

Bamberg den 29. Nov. 1793.

Aus hochf. dahier angeordneten Commission."[2]

Endlich wurde noch am Eingange der Synagoge von Bamberg Folgendes publicirt:

„Nachdem S. Hochf. Gn. sich entschlossen haben, den Zustand der jüd. Gerichtsstelle dahier überhaupt untersuchen zu lassen: als wird sämmtlichen Schuzjuden dahier dieser höchste Entschluss in der Absicht öffentlich bekannt gemacht, damit ein jeder seine etwaige Beschwerde oder sonstigen Vorstellungen bei der zu dieser Untersuchung gn. angeordneten Commission unbedenklich anbringen könne.

Bamberg am 2. Dec. 1793.

Aus hochf. Commission".[3]

Dieses Mobilmachen aller derjenigen, die jemals als Klagepartei vor dem Rabbinatsgericht unterlegen waren und sich benachteiligt fühlen mochten, dieser öffentliche Aufruf an die persönlichen Feinde und Gegner des Rabbiners hatte einen kläglichen Erfolg. Denn von den Dutzenden von Interessenten an den Neub. Vergleichsgeldern, von allen jüd. Einwohnern des umfassenden Landesrabbinats meldete sich mit Beschwerden ausser den Lesarischen Erben nur einer, der schon genannte

[1] F. 153. [2] Das. Diese Publication erschien 3 mal im Bamberger Intelligenzblatt, in der Bayreuther, Mannheimer und Frankfurter R.-O.-P.-A.-Zeitung. Die bekannten Interessenten wurden noch speciell geladen. [3] F. 154.

Landdeputirte Sam. Hajum aus Trabelsdorf, ein offenbarer Quaerulant und Prozesshansel.[1]

Während nun über diese Beschwerden, auf die wir erst später an geeigneter Stelle im Zusammenhange näher eingehen werden, zwischen den Parteien mündlich und schriftlich verhandelt wurde, trat ein für den Rabbiner überaus freudiges Ereignis ein, das uns den Beweis liefert, dass die gegen seine Amtsführung vorgebrachten Beschuldigungen seinen Ruf im „Ausland" nichts weniger als zu schädigen vermocht hatten: er erhielt einen ehrenvollen Ruf als Oberlandesrabbiner nach Hessen-Cassel und wurde in dieser Eigenschaft vom dortigen Landgrafen bestätigt. Die offizielle Mitteilung, die er darüber an den Fürstbischof gelangen lässt, lautet folgendermassen:

„Bey einer hochfürstlich höchstpreislichen niedergesezten Commission sehe ich mich in tiefschuldigste Anzeige zu bringen vermüssiget, dass ich den Beruf als Oberlandrabiner nach Hessenkassel erhalten habe und mir den Antrit dieses Amtes zu beschleunigen zugleich eröfnet worden, dahero es dem Ziel nächst seye, dass ich meine dahiesige Oberrabinerstelle baldigst darniederlegen müsse.

Um aber die Hindernissen, die allenfalls meine Entlassung verspäten könnten, bald möglichst beseitigt zu sehen, so würde eine gnädigst zu beschliesende Beschleunigung derjenigen Untersuchungspunkten, die allenfalls annoch zurücke sind, und worüber eine hochfürstlich gnädigst niedergesezte Commission mich zu vernehmen, für nothwendig zu erachten, geruhen sollte, mir einen Beysaz der mir Seit meiner Rabineramtsbegleitung so vielfältig zugeflossenen höchsten Gnaden, und die mir so kostbare Beruhigung gewähren, die ich darin seze, meine Gemeinde mit Ehre und unter dem Ruf der Rechtschaffenheit ohne Aufenthalt verlassen zu können.

Indem ich nun für die mir zeither zugeflossene wohlthat des mir gnädigst verliehenen Schuzes den tiefschuldigsten Dank darbringe, so vereine ich mit demselben mein unterthänigstes Bittgesuch, eine hochfürstlich höchstpreisliche gnädigst niedergesezte Commission wolle gnädigst geruhen

> Mich über die Punkte, welche allenfalls noch zurücke, und übrig seyn, und etwan mich mehr, als das Amt selbsten betreffen sollten, in balden zu vernehmen.

---

[1] Erst viel später schloss sich den Beschwerdeführern Elias Würzburger aus Ansbach an, trotzdem er — wie er behauptete — in „Uebereilung" die ihm vorgelegte Rechnung des Rabb. bereits unterschrieben hatte.

Einer gnädigst willfahrenden höchsten Verfügung sehe ich trostvollst entgegen, und ersterbe in tiefester Erniedrigung Eurer Hochfürstlichen Gnaden Unterthänigst gehorsamster

Bamberg den 20. Dezember 1793.

Löw Mayer Berliner Oberlandrabiner dahier. [1]

Auf dieses Bittgesuch wird ihm am 23. Dezember der entmutigende Bescheid, dass, ehe die Untersuchung, soweit sie auf seine Person Bezug habe, abgeschlossen sei, weder an seine Entlassung noch an seinen Abzug gedacht werden könne. Als nichtsdestoweniger Männlein Lesar am 17. Januar 1794 mit der Anzeige erschien, dass der Rabbiner sich bereits einige Verschläge gekauft, um seine Sachen zu packen und, wie es scheine, die Flucht zu ergreifen, und Reider den Denuntianten fragte, ob er seine Angabe mit etwas zu bescheinigen vermöge, da antwortete derselbe bezeichnend für die Art, wie man über diese Vorgänge innerhalb der Gemeinde dachte: „Die hiesigen Juden wüssten es nur allein und diese würden ihm keine Bescheinigung ausstellen, weil ihm keiner gut wäre." (F. 263.) Aber gleich nach Ausgang des Sabbath (18. Januar) erschienen die vorgeladenen Deputirten Bar. Süsslein und Oppenheimer, die neben und gegenüber dem Rabbinerhause wohnten, in der Wohnung Reider's und erklärten auf Befragen, ihnen sei von Anstalten des Rabbiners zur Abreise nicht das Geringste bekannt. „Dies müsse nur von einigen gegen den Rabiner übel gesinnten Juden eine erdichtete Ausstreuung seyn." Vielmehr habe Rabbiner sie mehrmals versichert, dass seine eigene Ehre es erfordere, vor Ausgang der Sache keinen Schritt aus Bamberg zu weichen. Es wird ihnen zur Pflicht gemacht, von jeder verdächtigen Bewegung des Rabbiners zur Abreise ungesäumte Anzeige zu erstatten und für den Entweichungsfall werden sie sowohl dem Staate als den Privatklägern gegenüber für „responsabel" erklärt.

Bis zum 20. Januar waren die endlosen Prüfungen und Verhandlungen endlich so weit fortgeschritten, dass Reider in einem Vortrage, den er *in regimine* hielt, im Gegensatz zu dem früheren Beschlusse der Regierung den einstimmig

---

[1] F. 228.

angenommenen Antrag vorlegte, dass „keineswegs der feier-
liche peinliche Prozess rechtlich Platz habe" und daher weder
zur Haft noch zu einer sonstigen Sicherheitsmassregel ausser
der bereits von ihm veranlassten geschritten werden könne.
Im Laufe der Untersuchung wäre es dem Rabbiner bereits
gelungen, die hauptsächliche der gegen ihn erhobenen Anschul-
digungen, als hätte er sich unrechtmässige Gerichtssporteln
angeeignet, ziemlich zu entkräften. Advokat Molitor dagegen
hätte in seiner Denunziationsschrift unverkennbar „das Colo-
rit zu krell aufgetragen, er hätte auch die Uebersetzung der hebr. Originalberechnungen ins Deutsche
nicht treu geliefert, vielmehr wären Glossen des
Advokaten mit eingeflossen, dem der Rabiner einen
neueren Deservitenkonto von 50 fl. aus dem Läsarischen
Anteil der Nevb. Vergleichsgelder zu bezahlen Bedenken fand,
nachdem er ihm vorhin schon über 100 fl. ohne die Schreibgebühren für seinen Schreiber aus eben diesen Geldern schon
ausbezahlt hatte."[1] Diese Widersprüche zwischen Original und
Uebersetzung, die dem Auge des Untersuchungscommissarius
nicht entgangen waren, werden im einzelnen hervorgehoben.

Indess vergingen noch Monate mit mündlichen und schrift-
lichen Verhandlungen und Auseinandersetzungen zwischen
Klägern und Beklagten und ein Ende war nicht abzusehen.
Zwar konnte es der Rabbiner als gutes Vorzeichen deuten, dass
ihm am 26. Februar gestattet wurde, Bücher und Hausgerät-
schaften mit einer sich zufällig bietenden Gelegenheit nach
Cassel befördern zu dürfen unter der Bedingung, dass ein
Deputirter zum Ueberwachungsdienste bei der Verpackung
zugezogen würde. Aber seine Gegner liessen sich verlauten,
dass sie seine Entlassung aus Bamberg durch neue Einwände
und neue Gravamina zu verhindern wissen würden. Denselben
die Spitze abzubrechen, versucht der Rabbiner mit folgender
Eingabe:

----

[1] F. 267. An anderer Stelle weist Reider dem Advokaten aus seinen
Quittungen nach, dass er unrechtmässige und willkührliche Gebühren „pro
mundo" berechnet und erhoben habe. F. 277.

„Wenn ich für den mir gnädigst zugewährten beschleunigenden Ausgang in der gegen mich gepflogenen Untersuchung den tiefschuldigsten Dank anstimme, so kann er nicht ohne die Ermunterung für mich seyn, den längst erwünschten Augenblik baldigst zu vernehmen, wo mir zu meiner Gemüthsberuhigung meinen weiteren Berufsgeschäften nach Hessen Cassel nachzuhängen gnädigst erlaubt wird

Diese Verendschaftung meiner Untersuchungssache ist auch mir um so theurer, da mir der grösste Schaden, den ich schon eine geraume zeit her empfunden und wegen den instehenden Osterfest vermehrt wird, noch in die Länge, und von Stund zu Stund zuwachsen würde: allein ist er bereits noch so gross geworden, so kann derselbe lange nicht den von Prast und Herzenskümmerniss ausgepresten Gedanken das Gleichgewicht halten, dass ich meine Ehre durch eine weitere allenfalls eintretende Verzögerung im Auslande äusserst verdächtig ansehen lassen muss.

Welchen Stoss mir nun jede Hinderniss, die meiner nahen Entlassung entgegengesetzt werden könnte, versezen müsse, ist meinen Anklägern wohl bekannt, die — verabschiedet von ihrem Leimuth, und daher schon ausgezeichnet in der Judengemeinde dahier, unaufhörlichen Anlass nehmen, alles in Vergrösserungsgestalt, und von unächter Seite Beschuldigungen auf die Bahn zu bringen, mir dadurch eine von Bosheit und Gewissenlosigkeit zusammengeknüpfte Schlinge zu legen und mich in die Falle zu ziehen.

Unter diesen ist mir der eben so niederträchtig denkende als handelnde Samuel Hajum aus Trabelsdorf — einer der auffallendsten Lüstlingen unter meinen Gegnern bekannt geworden, der sich schon wonnenreich verlauten haben lassen soll, nur den zeitpunkt, wo mir meine Entlassung gnädigst vergönnt wurde, nachzuwarten, und sogleich gegen mich mit neuerlich zusammengespannter — ihm aus dem Gesichte vorstehender, und in Prozessiren bey aller Gerichten verschriener Chicanenwuth wegen der von jüdischen Gerichte bereits beinahe vor drithalb Jahr, zwischen Menlein Lesar und Samuel Hajum, in Betreff einer von neuburgischen Geschätt herrührenden Kostenersatz, obgewalteten nun gegen mich gerichteten Regressklage aufzutreten, um dadurch den Aufschub meiner gnädigst beschlossenen Entlassung schadenfroh zu erwuchern.

Nicht umsonst werde ich aber meine Czuflucht zu einer gnädigst niedergesezten Commission mit dieser unterthänigsten Vorstellung nehmen, und zur Abspülung aller von meinen übrigen Mitgegnern zu erdenkenden Einwürfen zur höchsten Rukerwegung anregen, dass dieselbe in den 3 Monaten, welche zur Sammlung aller gegen mich einzubringenden Beschwerden und Anklagungen fürbestimmt waren, längst verflossen und zeit genug hatten, jede ihrer vermeintlichen Anklagen gegen mich ans Taglicht zu bringen. [1]

Nach diesem langen zeitumlauf und in Erwägung, dass Eure

---

[1] Vgl. oben S. 14.

Hochfürstl. Gnaden meinen schon erlittenen Schaden durch weitere Verzögerung, und dabey unverschmerzlich eintretenden Ehrenverminderung nicht gleichgültig anzusehen geruhen werden, so werden Höchstdieselben meine gehorsamste und angelegendlichste Bitte nicht vergeblich, sondern zuversichtlich gnädigster Beherzigung würdig halten, wenn ich dieselbe unterthänigst dahin stelle:

> Meine anderweit auftretende Gegner mit ihren neuerlichen Einwürfen wegen dem längst erschienen Auslauf der 3 monatlichen Friste für praekludirt zu erklären, und daher abzuweisen, mich aber in höchsten Gnaden zu entlassen.

Nur eine meinem unterthänigsten Bittgesuch willfahrende höchste Entschliessung wird die mir zeither so tief geschlagene Wunde heilen und mich aller erlittenen Schäden und Nachtheils vergessend machen können, in dessen Anhoffung ich in tiefester Erniedrigung ersterbe.

Bamberg, den 1. April 1794.

Eurer Hochfürstl. Gnaden Unterthänigst gehorsamster Löw Mayer Berlin, hochfürstl. Bbg. Oberlandrabiner."[1]

Dem bevorstehenden Frühlingsfeste durfte der Rabbiner nicht wie sonst als einer Verheissung des Erlöstwerdens entgegensehen. Seine Lage war eine entsetzliche. In Cassel erwartete man täglich seine Ankunft, in Bamberg winkte noch immer keine Aussicht auf Entlassung. Liess dieselbe noch länger auf sich warten, so war seine Zukunft mehr als in Frage gestellt. So befand er sich zwischen Furcht und Hoffnung in äusserst gedrückter Stimmung, welcher die folgende Eingabe beredten Ausdruck giebt:

„Die letzten Verlegenheitsgränzen, in den ich durch die öftern Betriebe von Hessen-Kassel her unausgesezt versezet werde, der Grad der Furcht, meiner bereits angenomenen Stelle wegen, ohne Rüksicht einer gleichwohl alldort hinzugetretener höchstlandesherrlichen Bestättigung, allerley Unannehmlichkeiten und Schäden ausgesezt zu seyn, die gespannte Aufmerksamkeit, mit welcher man meine stäts dorthin geäusserten Fristen einer baldigen Ankunft würklich aufnehmen wird, die unerbittlichste Nothwendigkeit, die mein Dortseyn wegen dringendsten, und so lange zeit aufgehäulten Amtsgeschäften angenblicklich zudringlicher macht, vereinen sich zu einem neuen Beweggrund, warum ich abermalen mit einem unterthänigsten Bittgesuch um gnädigst zu verfügende Beschleunigung eines Endurteils in der gegen mich gepflogenen Untersuchung, und um Beendigung meiner Sache bittend flehe, die bereits lange das 3 monatliche ziel, binnen welcher jeder gegen mich Beschwerdeführende sowohl in zeitungen, als Schulen aufgefordert wurde, zurükgeleget, und die höchste Erörterung nachgewartet hat.

---

[1] F. 487 ff.

2*

Nun treten sowohl die christliche als jüd. Osterfeste, vor deren Erscheinung ich mich zu Hessenkassel befinden solle, in kurzen ein, und ihre Ankunft lasst mir bey längerer Verschiebung meiner zu schlichtenden Sache die trübeste und mich beängstigendste Aussicht übrig, indem ich mit schreckender Gewissheit und kleinmuthsvoll voraussehen muss, dass wegen eintretenden Osterferien die Entscheidung der mir so schmerzlich anliegenden Untersuchungssache verspätet, und mit derselben meine Entlassung zurükgeschoben werde.

Dieser Gedanke ist mir seelenniederschlagend — ganz ausser Fassung bringend, und sezet mich in die Betäubniss, mich meiner Amtsgeschäfte gänzlich zu entledigen, und meiner Person nach als einen fremden behandeln zu lassen, der kümmerlich, und mit äusserster Sehnsucht seine Erlösung — seinen Endbescheid und einer gnädigst erlaubten Abreiss zuwartet, wie er nach aufhabenden Pflichten nicht einen Augenblik versäumen kann und darf.

Von Eurer Hochfürstl. Gnaden höchsten Handanlegung in Beschleunigung meiner Sache noch vor den Osterferien hängt mein und meiner Familie wohl und wehe ab, und ich irre nicht, wenn ich von der höchsten Gerechtigkeits und Billigkeitsliebe erwarte, dass Höchstdieselben diejenige Maassregeln nicht ausser höchsten Rüksicht zu lassen geruhen werden, die zur Beförderung des Ausgangs dieser gepflogenen Untersuchungssache beyträglich seyn werden.

In dieser Absicht bitte ich Eure Hochf. Gnaden unterthänigst und eben so inständigst als flehendlichst

> Inzwischen mir alle Depositen überhaupt Mittels der hochfürstl. gnäd. angeordneten Kommission abzunehmen, um nach verkündeten Bescheid keinen Augenblick meine Abreiss umgehen zu dörfen, und nächster Tagen meine Untersuchungssache in Vortrag und Entscheidung zu nehmen.

Unter der Vertröstung einer baldigst zuvernehmenden gnädigst willfahrenden Entschliessung ersterbe ich in tiefester Erniedrigung." Bamberg, den 2. April 1794.[1]

Unterdess hatte Reider bereits am 28. März mit seinem abschliessenden Vortrage, den er über den Verlauf und die Ergebnisse der von ihm durchgeführten Untersuchung vor dem Plenum der Regierung abhielt, begonnen, aber erst in der folgenden Sitzung vom 4. April wurde er damit fertig und nach seinen Anträgen Beschluss gefasst. Am 7. April hielt Reider vor vollzähligem Rabbinat und Deputirtencollegium eine nach dem Urteil des Auditoriums sehr „zierliche" Schlussrede, in welcher er anerkennend hervorhob, dass die jüd. Gerichtspersonen die an sie gestellten Fragen mit Offenheit beant-

---

[1] F. 492 ff.

worteten, und die Mitteilung machte, dass das von der Regierung bereits beschlossene Endurteil zur Bestätigung an höchster
Stelle vorgelegt sei. Bis zur Verkündigung deselben dürfe der
Rabbiner sich nicht von Bamberg entfernen, um ihn jedoch
nicht unnötig aufzuhalten, möge derselbe einstweilen Dispositionen treffen zur Niederlegung seines Amtes. Noch an
demselben Tage übernahmen die Nebenrabbiner die Registratur
und zusammen mit den Deputirten die Depositenkiste, deren
Schlüssel Bar. Süsslein in Verwahrung bekam. In einem von
ihnen unterzeichneten Protokoll wird dem Rabbiner Decharge
erteilt und ihm bestätigt, dass er alle Depositen „ohne den
mindesten Abgang" zu ihren Händen ausgeliefert. (F. 528.)[1]

Die Situation des Rabbiners wurde indess von Tag zu
Tage schlimmer und gefahrdrohender für die Zukunft seiner
Familie. In Bamberg hatte er kein Amt mehr, in Cassel hatte
er noch kein Amt. Wann die Bestätigung und die Verkündigung des Endurteils stattfinden würde, das war bei dem
umfangreichen Aktenmaterial und bei der Krankheit des Fürstbischofs Fr. L. v. Erthal gar nicht abzusehen. Kein Wunder,
dass die Geduld des Rabbiners vollkommen erschöpft schien und
seine Verzweifelung den höchsten Grad erreicht hatte. Dieser
Stimmung giebt er einen ergreifenden Ausdruck in den folgenden
Zuschriften:

„Indem ich von dem, in der Untersuchungssache des jüd. Gerichts
dahier, gnäd. aufgestellten Herrn Commissarius die Versicherung erhielte,
dass die Untersuchung, in sofern sie auf meine Person Bezug hätte, nun
verendschaftet sei, so kann ich, voll von der seither in Herzen zurückbehaltenen Kümmerniss und Anliegenheit, den zeitpunkt nicht umhin
lassen, mich gegenwärtig an den höchsten Thron Eurer Hochf. Gnaden

---

[1] Auch Reider hatte Unannehmlichkeiten. Der Hoffaktor Hesslein
(vgl. meine Gesch. S. 263) wollte, unterstützt von seinem Vater, dem Deput.
Sam. H., von den hinterbliebenen Depositen gegen genügende Sicherheit ein
Anlehen von 1150 fl., das ihm Bar. Süsslein und Sal. Elkan, seine Gegner
aus „Privatcollisionen", verweigerten. Reider liess *brevi manu* den Depositenschlüssel abfordern und Feis Buttenheimer übergeben. Als darauf die Deputirten von der Opposition mit einer Beschwerde gegen Reider vorgingen,
gegen welche er sich sehr energisch, aber erfolglos wehrt, entstand zwischen
ihm und der Regierung ein unangenehmer Conflict, der dazu beitrug, die
geplante Reorganisation des jüd. Gerichtes zu vertagen. (F. 549 ff.)

wegen der, bey der gnäd. angeordneten Commission mehrmals unterthänigst nachgesuchten Beförderung und Beschleunigung eines höchsten
Erkenntnisses in der gegen mich gepflogenen Untersuchung insofälligst
zu wenden, wozu mich nachbemerkte für mich so bedenkliche Umständen
veranlassen.

Bereits vor 4 Monaten war mir der Antrit des mir übertragenen
Oberrabineramts zu Hessenkassel, gemäss des mir dortmals zugekommenen
Berufs obgelegen, welchen ich Mittels der ungegründeten und falschen
Anklagen zweier mir abgeneigten und prozessüchtigen Juden, und durch
die hierauf gnäd. erkannte Untersuchung bis diesen Augenblick zurückgesezt, und mich mit der bittersten, und sich von Tag zu Tag durch
längeren Verschub einer gnädigsten Endurtel vervielfältigenden Nachtheil,
hier angefesselt, sehen musste.

Zugeschweigen, welche von meinem neu anzutretenden Amte zeither zu beziehende Vortheile mir durch die Bosheit meiner falschen, und
mir, diessfalls Entschädigung zu leisten ausser Stand versezten Anklägern
entrissen sind, so stelle ich nur fürstmildester Beherzigung anheim, wie
unverschmerzlich es mir und den meinigen fallen müsse, auf solche Art
auch in Beziehung jenes gleich nach unserem Osterfest auf mich
wartenden Vortheils durch einen längeren Aufschub des von mir unterthänigst zu erwartenden Erkenntnisses gehemmet, und beynebens von
der Beywohnung jenes so erträglichen Geschäfts, welches in Gegenwart
zweier landgräflichen Commissarien für sich gehet, ausgeschlossen zu
seyn, wobey doch meine Gegenwart unumgänglich nothwendig ist, und
desswegen von Hessenkassel unausgesezte Betriebe einlauten, um meine
Ankunft alldort zu befördern, und zu bestimmen.

Wenn gleich Euer Hochf. Gnaden die betrübtesten Folgen für
mich und meine Familie, und vielleicht gar auf einer länger andauernden
Verzögerung, bevorstehende Verlustigung meiner neuen Amtsstellen nicht
höchster Rücksicht werth zu achten geruhen sollten, und wenn ich gleich
in den Augen Eurer Hochf. Gnaden mit dem geringsten Seitenblik zu
messen bin, so macht mir die Höchstdenselben beywohnende und im
In- und Auslande angestaunte Menschenliebe Eurer Hochf Gnaden den
Muth nicht sinkend, wenn ich mich unterth. unterfange, Höchstdieselben
mit dem fussfälligsten Bitten anzuliegen

> Mich mit einer höchsten Entschliessung in der gegen mich
> geendigten Untersuchung und Entlassung fürstmildest in
> baldesten zu begnadigen und dem gnäd. angeordneten Herrn
> Commissarius aufzulegen, dass derselbe mein Endurtel
> schleunigst verkünde.

Ein mir beförderlich gnäd. zufliessendes von den gerechtigkeits-
liebenden Handen Eurer Hochf. Gnaden abgewogenes Erkenntnis werde
ich mit dem unterthänigsten Dank verehren, der sich so lang bey mir
erhalten wird, bis ich mit tiefschuldigster Erniedrigung ersterbe."

Bamberg, den 13. April 1794. [1]

---

[1] F. 539 ff.

„Unter unterthänigster Beziehung auf meine unterm 13. d. bey Eure
Hochfürstl Gnaden eingereichte wehmuthigste Vorstellung erscheine ich
abermalen mit äusserster Gemüthsbeunruhigung vor Höchst deroselben
Füssen, und bitte eines unaufhörlichen Bittens um fürstmildeste Beschleunigung eines gnäd. Endurtels in einer Untersuchungssache, die mir
eine unrichtig angegebene Sportelsucht zuzog, und worin mich zwey
einzige prozessüchtige Juden durch ihr falsches Anklagen verwiklet hielten.

Wenn ich nicht gestern von Hessenkassel einen mich äusserst
niederschlagenden Brief erhalten, wenn ich nicht in demselben die
bittersten Austrüke wegen dem langen Aufschub meiner Ankunft und
Antrettung meines Rabineramts alldort hätte vernehmen müssen, und
wenn mir nicht darin mit lezter Schärfe eingepräget worden wäre, dass
bey dem nach unseren Osterfest in Gegenwart zweyer landgräflichen
Commissarien zu haltenden Landtag[1] mein Dortseyn wegen der mir
längst zugeflossenen landgräflichen Bestätigung unumgänglich nothwendig
wäre, und ich nichts als die höchste Ungnade des Herrn Landgrafens
Durchlaucht, und folglich gar die Verlustigung des mir übertragenen
Amts zu gewärtigen hätte, so würde ich den Drang in mir nicht empfunden
haben, mich wiederholter vor dem Thron Eurer Hochf. Gnaden nieder-
zuwerfen.

Da von einer gnäd. angeordneten Commission alle Vorkehrungen
zur Niederlegung meines Amtes getroffen sind, und es schon so weit
gekommen, dass ich keine Amtsgeschäfte mehr vornehmen kan, so hangt
es nur von Eurer Hochf Gnaden höchsten Willensmeinung ab, ob ich
meines gnädigsten Endurtels, und meiner hierauf beruhenden Entlassung
schleunigst begnadiget werde.

Sollten Eure Hochf. Gnaden einen unterthänigst und wehmüthigst
bittenden Mann, der izt mit seiner schmachtenden Familie auf dem Stand-
punkt stehet, der hier nun in so weit niedergelegten, und jener zu
Hessenkassel ihm übertragenen Rabinerstelle beraubt zu seyn, noch zur
zeit in dieser Art zu erhören nicht geruhen, so verbinde ich mein unterthänigstes Bittgesuch mit dem unterthänigsten Erbiethen,

Mich vor Verkündung meines gnädigsten Endurtels auf eine
von mir vorhero zu leistenden Realkaution, wenn solche
bey der Lage meines Untersuchungsprozesses gnäd. erfor-
derlich erachtet würde, in höchsten Gnaden zu entlassen.

Die Beschleunigung jeder höchsten, mir willfahrenden Entschlies-
sung wird mir und den meinigen ein ewiges Denkmal der unterthänigsten
Dankbarkeit seyn, in welcher ich mit tiefschuldigster Erniedrigung ersterbe."
Bamberg, den 15. April 1794 [2]

Die Antwort auf diese Eingaben ist enthalten in der
folgenden Zuschrift des Fürstbischofs an die Regierung:

„Mir war es nicht möglich, diese Tage hindurch auf den unterm
4 d. von der Regierung erstatteten gutachtlichen Vortrag, die Unter-

[1] Vgl. Hildesheimer Jubelschrift S. 70.   [2] F. 542 ff.

suchung des jüd. Gerichts dahier betr., sogleich eine endliche Entschliessung zu fassen; da aber unterdessen der Supplikant in einer
Vorstellung vom 13. d. um Beschleinigung der Sache aus dem Grunde
gebethen, weil er als Oberlandes-Rabiner nach Hessen-Kassel berufen
sey, mithin sich länger dahier nicht aufhalten könne, und in der gegenwärtigen Schrift angezeigt hat, dass ein weiterer Verzug mit dem Ver-
luste seines neuen Berufs unvermeidlich verbunden sey, er sich daher,
wenn die Sache nicht sogleich entschieden werden könnte, zur Leistung
einer Realcaution erbiethen wolle; so lasse Ich die Regierung darüber ermessen: ob und in welchem Maasse diesem letzteren Ansuchen zu
willfahren sey; Ich wenigstens finde vor der Hand bey diesem gemachten
Anbiethen kein Bedenken; doch will Ich auch der Regierung in ihrer
freyen Abstimmung nicht vorgreifen."

Bamberg, den 19. April 1794. (F. 513 b.)

Hierauf wurde L. Berlin auf den 23. vorgeladen, um
nach der Beschaffenheit der angebotenen Kaution befragt zu
werden. Er erklärte, 200 Rth. in Baarem deponiren und über
weitere 1000 Rth. sein im Markte Fürth unter Domprobstei-
licher Lehnsherrschaft stehendes Haus verpfänden zu wollen;
bis die gerichtlich bestätigte Pfandverschreibung darüber hier
eintreffen würde, wollten die bemittelten Deputirten Sam.
Hesslein und M. Oppenheimer die Bürgschaft über 1000 Rth.
für ihn übernehmen. Nach Erledigung der Formalien wurde
dem Rabbiner endlich noch am selben Tage die Entlassung aus
der Würde, die ihm eine Bürde geworden, bewilligt. Mit der
ferneren Wahrnehmung seiner Interessen betraute er den
Advokaten Bihn, seine Vertretung im Amte übernahm Feis
Buttenheimer,[1] von welchem Reider aussagt, er besitze „Red-
lichkeit und Vermögen". Und da der Fürstbischof, der sich
die Bestätigung des Urteils vorbehalten hatte, einstweilen durch
Krankheit am Studium der Akten verhindert war, schlief die
ganze Angelegenheit bis auf Weiteres den Schlaf des Gerechten.

An dieser Stelle wollen wir uns die Frage vorlegen:
welches war das Ergebnis der 8 Monate dauernden Untersuchung? und diese Frage auf Grund der Akten Punkt für
Punkt beantworten.

1. In der hebr. Originalberechnung des Rabbiners, die

---

[1] Die auf einem Lesefehler des Manuskriptes beruhende Anmerkung 3
auf S. 177 meiner Geschichte bedarf danach der Berichtigung.

dem ganzen Streit immer zugrunde gelegt werden muss, findet
sich ein Posten von 685 fl. 49$^3/_4$ Kr., eine Summe, die sich
auf sämmtliche Interessenten verteilte, teils für Baarauslagen
(Advokatengebühren, Briefporto etc.), teils für Kosten (Honorare
für Berichte des Rabbiners an die Regierung), in der Haupt-
sache für Sporteln, von welchen die eine Hälfte den beiden
Beisitzern des Rabbinatsgerichtes gehörte. Die für die Sportel-
berechnung massgebende Taxordnung war in dem Bestallungs-
briefe des Rabbiners enthalten.[1] Löb Berlin äussert sich
darüber:

„Es ist kein Geheimniss, dass die Kräften der ganzen Judenschaft
dahier zusammgenommen lange zu unmächtig sind, um einen zeitlichen
Oberrabiner mit einem stäten und bestimmt ausgeworfenen jährlichen
Gehalt versehen zu können, mithin es derselben zur Nothwendigkeit gewesen ist, eine andere ergiebige Quelle aufzusuchen, durch dessen Weg
sie ihrem Rabiner den Abgang des ihm zur bedürftigen Nahrung nothwendigen Gehalts wieder zufliessend machten.

Zu dessen Bezielung wählte nun die Judenschaft den Ertrag der
Gerichtssporteln, denn, da einer dahiesigen Judenschaft, solang sie mit
der ihr gnädigst verliehenen Jurisdiktion begünstiget war,[2] über Erhebung der Gerichtssporteln keine landesherrliche Verordnungen verkündet,
noch derselben einige als einer Richtschnur je zugeflossen waren, so
befand sich die dahiesige Judenschaft in einer antonomie, und sah es
sich überlassen, auf welche Art sie einen zeitlichen Rabiner die Beziehung gerichtlicher Sportel, und dadurch das jähriiche Salarium eines
zeitlichen Rabiners bestimmen wollte. Dieses ist auch aus meinem
Berufsbrief, der nach der auf mich gefallenen Wahl von der dahiesigen
Judenschaft mir nach Fürth zugesandet wurde, ersichtlich, der ausdrücklich die Bemerkung enthaltet, dass die mir darin zugedachte Beziehung
der Gerichtssporteln einen nicht geringen Theil meiner jährlichen Be-
soldung ausmachen werde.

Da ich hierauf bey Antrit meines Amts in Beziehung solcher
Sporteln die Fussstapfen meiner Vorfahrern vor mir sahe, in die ich
eintrat, und ein gleiches zu beziehen auch für befugt hielte: da ich
noch über diess vernahm, dass gleichen Sportelgenuss meine Vorfahrer
seit einer langen Jahrenreihe her, und zwar ohne Widerrede der Juden-
deputirten, und ohne Beschwerdtführung der Partheyen selbst, eingezogen
haben, mithin diese Sportelbeziehung bey diesem jüdischen Gerichte
dahier schon von ihrer Wiege an Observanz ware, und desswegen immer
bey dem Antrit eines neuen Rabiners durch neue Verträge wiederholter

---

[1] Vgl. meine Geschichte S. 164 und Pinkas Bamberg ed. Kaufmann S. 20.

[2] Vgl. Gesch. S. 193 ff.

bestättiget wurde: da mir auch nebst dem wohl bekannt war, dass bey jeden Judengemeinden, welchen von dem gnädigsten Landesherrn eine Gerichtsbarkeit verliehen ist, eine gleiche Gerichtsverfassung in Erhebung der Sporteln gang und Gäbe seye, so konnte ich mich im guten Glauben an das hergebrachte Gerichtssportelquantum um so mehr fest halten, jeweniger ich in die zukunft vermuthen konnte, dass ich wegen Erhebung dieser von mir gleich meinen Vorfahren bezohenen Gerichtssporteln jemals einer Verantwortung preis würde, zu welcher ich mich nun von meinen Gegnern aufgefordert sehen muss."[1]

Der Untersuchungscommissarius bemerkte zu dieser Ausführung: „Ich kann der diesfallsigen Rechtfertigung des Rabiners meinen Beifall nicht versagen." Zwar wurde die Auffassung, die der Rabbiner von den ihm durch den Bestallungsbrief eingeräumten Rechten hatte, von seinen Gegnern, unter welchen Sam. Hajum als Landdeputirter diesen Vertrag selbst unterzeichnet hatte, mit Gründen angefochten, die der Untersuchungscommissarius gelegentlich als „ganz albern" bezeichnet, aber durch Attest der Deputirten von Bamberg vom 31. Januar 1794 wird die Auffassung des Rabbiners als die berechtigte bestätigt. Die einzelnen Sportelansätze mögen wohl auf den ersten Blick von immenser Höhe erscheinen; wenn man aber den Umfang der Streitobjekte in Erwägung zieht und dabei bedenkt, dass im Falle einer connexen Gegenklage auch von dem Streitobjekt der letzteren Gebührenansätze berechnet werden durften, so wird man trotz der anscheinend hohen Ansätze die Versicherung der jüd. Gerichtspersonen begreiflich finden, dass sie „immer noch unter der im Annahmsbriefe angeordneten Taxe ihre Sporteln erhoben hätten."[2] Die Untersuchung stimmte mit diesem Ergebnis überein.

2. Aehnlich verhält es sich mit dem Uebersetzungsconto. Wenn nämlich die Parteien von dem Spruch des Rabbiners zur höheren Instanz gehen wollten, da brauchte man zu diesem Zwecke eine Uebersetzung und Abschrift der Akten erster Instanz. Besonders schmerzlich erschien nun dem davon

---

[1] F. 280 ff. [2] F. 272. Ein Prozess z. B., der über ein Streitobjekt von 100000 fl. das Gericht vier Wochen lang beschäftigte, hätte den Richtern von jeder Partei 802 Gulden einbringen müssen; thatsächlich aber berechneten sie beiden Parteien zusammen nur c. 506 fl.

betroffenen Sam. Hajum, der selbst kaum seinen Namen unter-
schreiben konnte, ein Posten, von dem es in der Originalberechnung heisst: „Für Uebersetzung und doppelter Collatio-
nirung der Akten, welche mehr als 200 Bogen werden dürften,
rechne einstweilen 134 fl. 20 Kr." Aber es gelang dem Rabbiner
nachzuweisen, dass, während er sich mit 1 fl. pro Bogen
begnügte, bei andern jüd. Gerichten gewöhnlich 1 Ducaten pro
Bogen an Uebersetzungs- und Schreibgebühren berechnet würde,
und aus dem nahen Fürth, dessen Gepflogenheiten ihm eigent-
lich hätten massgebend bleiben dürfen, traf folgende Bescheinigung ein:

„Dass mir Endes gefertigte Beglaubte der hiessigen Judenschafft
vor jeden Baugen, So mir von hebräischen ins teutsche translatiren, wegen
der vielle Mühe, So diese Arbeit verursacht, zwey gulden bezahlt bekommen, Ein Solches werd krafft unssere Eigenhändige unterschriefft
und bey gedruckten Petschafft hiermit Attestirt
So geschen Fürth den 20. July 1792."

L. S.   Simon Jacob Brandys, Juden beglaubter dahier.
L. S.   David Abr. Braunschweiger
beglauter der Judenschafft in Fürth. [1]

3. In der hebr. Originalberechnung des Rabbiners wird
ein Posten von 100 fl. mit dem Ausdruck ‏שכר טרחא‏ begründet,
d. h. für Bemühungen, die der Rabbiner als *negotiorum gestor*
etwa 9 Monate hindurch vor der Verteilung der Vergleichsgelder, nicht in seiner Eigenschaft als Richter, hatte. Seine
Gegner aber übersetzten, oder vielmehr ersetzten diesen Ausdruck mit ‚*pro arrha*".[2] Das war eine Entstellung der Thatsachen, die den Untersuchungscommissarius zu der Bemerkung
veranlasste: „Unstreitig hat hierbei dem Advokaten (Molitor)
der Aerger, dass Rabiner desselben neueren Deservitenconto
zu 50 fl. nicht honorirte, das Wort: *arrha* in die Feder gegeben, welches ihm so geläufig . . . Dieser unredliche Eifer
des Advokaten für die Sache seines Clienten ist um so weniger
zu billigen, als demselben schon mehr als 100 fl. *pro deservito*
in den Lesarischen Prozessen ausbezahlet worden waren." Der

---

[1] Die Unterschrift wird vom Bamberger Domprobstei- und vom Kgl.
Preuss. Gleitsamt bestätigt (f. 322).   [2] Handgeld, Toppgeld, was beim
Advokaten üblich, dem Richter aber verpönt war.

Rabbiner selbst äussert sich zur Sache in ausführlicher Dar-
legung der Verhältnisse folgendermassen:

„sie erhoben nemlich die Beschwerde, sie seyen durch den in
meiner mit ihnen gepflogenen Rechnung von mir gemachten Ansaz
„100 fl. für gehabte Bemühungen und Arbeit" übernommen worden, und
besasen Kühnheit genug, statt der Rubrik „für gehabte Bemühungen und
Arbeit" das Wort *pro arrha* fälschlich in der Absicht einzupfuschen, um
mich hiedurch einer unerlaubten Handlung, als hätte ich mir als Richter
diese 100 fl. für eine Daraufgab zugeeignet, anzuzüchtigen und hiedurch
in Verleümdung zu sezen.

Dieses so niederträchtige Angeben meiner Gegner ist mir aber
eben so leicht zu widerlegen, denn damals, als ich die 100 fl. für Bemühungen und Arbeit verdiente, betrug ich mich als G e s c h ä f t s m a n n,
welchen die Interessenten als das neüburgische Geschäft in Bewegung
kam, höchst nothwendig hatten, um solches nicht in seinem ersten Kaime
erstiken zu lassen; zu jener zeit stellte ich mir keineswegs vor, dass
mir ruksichtlich dieses Geschäfts, und nach dessen Herstellung Prozesse,
von Interessenten untereinander, unter mein Richteramt, oder gar Vermög
Höchster Regierungsentschliessung sämmtlich unter meiner Instanz fallen
könnten: wie können nun meine Gegner den boshaften Gedanken
traumen, mir einen Ansaz *pro arrha* des Richtens halber über entstandene Prozesse angemast zu haben, und mich auf solche Art höchsten
Orten zu verschwärzen.

Was aber die für gehabte Bemühungen und Arbeit mir angesezte
100 fl. betrift, und wie ich solche in Berechnung bringen, und für
welche Arbeit und Bemühungen ich mir solche beygelegt zu haben,
rechtfertigen könne, wird sich aus nachfolgenden ergeben.

a) ohne hier die Mühe zu der jedem Geschäftsmann nothwendigen
Informirung der Sache, und Einnehmung ihres Ganges zu erwähnen, so
habe ich häufige Briefe, ehe dieses Geschäft sich einen ernst- und vor-
theilhafteren Gang nahte an auswärtige verfertigen, und angekommene
beantworten müssen, hierinn werden die Juden Baruch Süssla, Männlein
Lesar dahier, und Samuel Hajum aus Trabelsdorf, wenn sich ihr Herz
von Eigennuz und Partheylichkeit nicht verblenden läst, mir das gerechte
zeugniss wiederfahren lassen müssen, ich würde von den — in meiner
Berechnung insbesondere berührten von mir ausgefertigten Briefen noch
andere mehrere, als ich beilegen werde, vorgelegt haben, wenn mir
nicht die meisten derselben nach verendschafteten Geschäft, da sie von
mir für unbedeutend angesehen wurden; und daher meine Achtsamkeit
nicht mehr an sich zogen, weiss nicht durch welche Fügung ver-
schleifet, und ab Handen gekommen wären: wäre mir damals als
Geschäftsmann die Undankbarkeit einiger gegen mich auftretenden pfalz-
nenburgischen Interessenten, die Falschheit derselben, und das Gezisch
ihrer mir so theuer, als oft zugesicherten Verbind- und Erkenntlichkeit
mit welcher ich mich nun belohnt sehe, nur die entfernteste Warnung

zugegangen seyn, so würde ich in Verwahrung solcher nach zu Stand gekommenen Geschäft, gleichwohl unerheblichen, und unbrauchbaren Brietschaften um so sorgfältiger gewesen seyn. Bey jener Zeit gesellten sich

b) in meiner Behausung vielfältige Konferenzen ein, in welchen über die Mittel dieses Geschäft zu einem gedeihlichen ziel zu bringen, berathschlaget wurde, die meisten derselben dauerten ganze Täge und oftmals bis in die halbe Nacht hienein, wobey nebst anderen, von den obgedachten dreyen Männern, bald dieser bald jener zugegen war. Hiebey muste ich viele Dokumenten, von den ich mir zuvor erfoderliche Kenntniss erwerben muste, vorlegen, um daraus mit den gegenwärtigen erwägen zu können, welche wege izt nach damaligen Umständen einzuschlagen, und welche Triebfedern mehr zu spannen seyen. Nach ersiegten Vergleich muste ich

c) einigemal bey hochfürstlicher Regierung erscheinen, Papiere Höchstdort im Empfang nehmen, Bescheinigungen ausstellen, Instrumenten verfertigen, Circularien ausschreiben, an die Behörden senden, und den Zeitungen einverleiben lassen, welche Mühe ich hiebey verwenden, und welch bedachtsames Verfahren ich beobachten muste, will ich hier unbemerkt lassen, jeden Interessenten ist es am besten bekannt, und jeder einsichtsvolle wird sich desselben genugsam überzeugen, ferner war ich

d) als von mir der dahiesige Deputirte Baruch Süssla zur Beendigung des Geschäfts Vollmacht erhielte, und bey seiner zurükkunft von München sich der bekannte Streit zwischen ihm und dem Männlein Lesar entstand, beschieden, diesen Streit beizulegen, es dauerte diese Auseinandersezung einige Tage durch, und der lezteren von Fruh bis Nachts des Morgen, wo solches durch meine Verwendung geschlichtet wurde, ohne welches etwann neue Hindernisse in Erhebung der Geldsumme entstanden wären. Nach diesem musste endlich sodann

e) nachdem das Geld dahier ankam, dasselbe von mir nachgezählet und hierüber quittiret werden, auch durch mein zuthun den Baruch Süssla die Rechnungen der Spesen abgenommen und berichtiget werden.

Ueberdenkt man unpartheyisch alle meine während Anfang bis zu Ende dieses Geschäfts geleistete Arbeiten, Schreibereyen, verursachte Versäumnissen, und Aufopferung der zeit zur Einnehmung dieses verwickelten und so weitläufigen Geschäfts, so wird man einen Ansaz von 100 fl. für Mühe und Belohnung eines Geschäftsmanns bey einem Geschäft, welches so viele tausend erstieg, nicht für überspannt und tadelhaft ansehen können."[1]

_____

[1] F. 284 ff. Vgl. dazu das weiter unten mitgeteilte Urteil. Von diesem mehrfach betonten Gesichtspunkte des Geschäftsmannes, der ein Licht wirft auf die damaligen Verhältnisse und auf den Unterschied von damals und heute, sind auch die Vorwürfe zu beurteilen, die dem L. B. dafür gemacht wurden, dass er für Bürgschaften, die er geleistet hatte, sich Provisionen in mehrfachen Beträgen berechnete.

4. Nach Bamberger Landrecht S. 410 hatte der Richter von allen bei ihm hinterlegten Geldern für das Risico, das er beim Ein- und Auszählen der Gelder hat, und als Entschädigung für den möglichen *error calculi* von jedem Gulden 1 Kr. als sog. Zählgeld zu beanspruchen. Gestützt auf diesen Landesgebrauch, hatte auch der Rabbiner, abgesehen von kleineren Beträgen, die unter diesem Titel erhoben wurden, von der Gesammtsumme der bei ihm aufbewahrten Gelder 777 fl. 46 Kr. als Zählgeld in Anspruch genommen. Die Berechtigung dafür wurde von Sam. Hajum angefochten, trotzdem derselbe beim Eingange der Gelder selbst den Rabbiner darauf aufmerksam gemacht haben soll, dass ihm vor allen Dingen die Zählkreuzer gebühren. Aber die Untersuchung kam zu dem Ergebnis, dass es nur billig sei, dass dem Rabbiner „diese nach allgemeiner Gerichtsobservanz selbst landrechtlich begründete Gebühren, gegen die er die Gefahr und Responsabilität darüber über sich genommen hat, zugestanden werden."[1]

5. Einige Monate vor der richterlichen Eröffnung der Angelegenheit, welche der Ausgangspunkt der hier geschilderten Prozesse werden sollte, hatten die Lesarischen Erben folgenden Revers ausgestellt: „Wir unterschriebene versprechen an unsere Frau Rabinerin, Namens Rechel für ihre viele Bemühung 45 Ducaten sage vierzig fünf Ducaten bei Eingang der Neuburger Schuld ohne einige Widerrede, und thun wir unterschriebene zur Sicherheit obenbemeldter Rabinerin gegenwärtigen Revers aus- und zu Händen stellen. Urkund dessen haben Wir uns unterschrieben. So geschehn Bamberg den 7. Dec. 1790. Männlein. Delzla."

Man beachte zunächst das Datum: 7. Dezember 1790, während, wie wir oben S. 5 gesehen, das Rabbineramt erst am 21. März 1791 als richterliche Teilungsinstanz bestätigt wurde. Zur Zeit der Ausstellung der Schuldverschreibung an seine Gattin, am 7. Dezember 1790, konnte also der Rabbiner unmöglich wissen, dass es unter den Parteien zu Prozessen kommen, über welche er als Richter zu entscheiden haben

---

[1] § 48 des definitiven Vortrags.

würde. In den hebr. Originalberechnungen des Rabbiners erschienen nun diese 45 Ducaten = 225 fl. unter dem Titel einer „Verschreibung". In der voh den Gegnern angefertigten Uebersetzung der Rechnungen wird dafür „Verschenkung" substituirt, und in der Denunciation des Anwalts wird daraus ein „Douceur", um die Anklage der unerlaubten Geschenkannahme in Amtssachen construiren zu können. Eine solche flagrante Entstellung der Thatsachen konnte natürlich auch dem Untersuchungscommissarius nicht entgehen, der sich darüber in seinem definitiven Gutachten (§ 53) äussert:

> „Vor Allem muss ich bemerken, dass der Glauben eines solchen Denuntianten, der sich erlaubte, eine falsche Uebersetzung zu machen, und statt Verschreibung — Verschenkung zu sezen — und sich eben daraur verliess, dass zwischen der Urschrift und der Uebersetzung keine officielle Vergleichung angestellt werden würde, nicht allein in diesem Punkt, sondern auch bei andern Angaben ungemein geschwächt wird . . . . . Hiezu kömmt noch, dass das Datum der Verschreibung klar erweiset, dass zu jener Zeit, nämlich im December 1790, das Neub. Theilungsgeschäft nicht einmal existirte, viel weniger zum Rechtsstreit eingeleitet war . . . . . da erst im Februar 1791 der Vergleich von Sr. Kurf. Durchlaucht bestättiget wurde."[1]

Kein Wunder, dass der Gutachter zu dem Schluss kommt, dass die Denuncianten ihre Beschuldigung der unerlaubten Geschenkannahme in Amtssachen mit nichts haben bescheinigen können.

6. Als am 21 August 1793 die Untersuchung des jüd.

---

[1] Genau derselbe Vorgang wiederholte sich gegenüber den beiden Unterrabbinern, Jac. Dessauer (vgl. meine Gesch. S. 176), der inzwischen verstorben war, und Feist Sam. Buttenheimer, welche Beide im Besitze einer vom Dezember 1790 stammenden Verschreibung über je 40 Dukaten waren, die ihnen für ihre vielfachen Bemühungen in der Angelegenheit zugesichert worden. Aehnliche Kunstgriffe erlaubten sich die Denuncianten auch an anderen Punkten. Da war z. B. ein Ansatz von 30 fl., den der Rabbiner mit einer von ihm geleisteten Bürgschaft motivirt, die ihm grosse Verdriesslichkeiten zugezogen: „dafur habe sich nun sein Weib 30 fl. als ein Douceur verschreiben lassen." In der Denunciationsschrift heisst es dann einfach: „30 fl. an die Rabbinerin für erkaufte Fürsprache!" Sogar für die Söhne des Rabbiners, die mit den Les. Erben in Geschäftsverbindung standen und für denselben geleistete Dienste und Darlehen sich Provisionen berechneten, suchte man den Vater verantwortlich zu machen.

Gerichtswesens durch Hofrat Reider plötzlich eröffnet wurde, da mochte der juristisch geschulte Bureaumensch sich entsetzt haben angesichts der genialen Unordnung, die er da aufstöberte. Zeugnisse, Schuldverschreibungen, Akten älterer und neuerer Zeit lagen friedlich durcheinander zusammengebunden in einem Convolut. Depositen- und Privatgelder lagen ruhig nebeneinander, vielleicht auch durcheinander. Eine Depositenordnung, nach der er fragte, war den Leuten so unbekannt wie ein böhmisches Dorf. Woher auch? Der Talmud und Choschen mischpat wussten nichts von einer Depositenordnung und doch waren seit Jahrhunderten dem Rabbinat überall Depositen anvertraut worden auf Treue und Glauben, die verwaltet wurden auf Treue und Glauben — auch ohne Depositenordnung. Und die Regierung? Die hatte es einfach vergessen, bei der Herausgabe einer Depositenordnung auch das Rabbinatsgericht von derselben zur Darnachachtung in Kenntnis zu setzen. Die Deputirten erklärten also: „Dass Depositengelder von den Privatgeldern abgesöndert liegen müssten, diess hätten sie nie gehört, sie glaubten vielmehr, dass, wenn dergleichen Gelder treu aufbewahrt würden und die gehörige Aufschrift hätten, sie auch neben und bey den Privatgeldern aufbewahrt werden dürften. Würde ihnen von hochf. Regierung der Befehl zugegangen seyn, gesönderte Kasten zu halten, so würden sie sich genau daran gehalten haben, sie seyen auch in der Folge bereit, wenn man es so haben wolle, eigene Kisten für Depositengelder zu halten." (F. 36.)

Unter solchen Umständen, bei dem Mangel einer geregelten Buchführung in jener Zeit, bei der nachlässigen, unordentlichen Handhabung des Cassawesens, bei der geschäftlichen Ungewandtheit eines im Studium des Talmuds ergrauten Mannes, werden wir uns nicht wundern, dass sich bei dem plötzlich erfolgten Cassasturz zunächst ein Fehlbetrag von ca. 200 fl. an Depositen herausstellte, von dem der Rabbiner erklärte, er müsse sich verlaufen und versteckt haben, d. h. es müsse bei dem Ungestüm, der in den Zahlstunden herrschte, thatsächlich ein error calculi stattgefunden

haben.[1] Dass der Rabbiner ferner in der Verblüffung und
Erregtheit des ersten Augenblicks, in welche das behördliche
Eingreifen ihn versetzen musste, nicht sofort sämmtliche
Depositen ausfolgte, sondern 5 Tage später noch einen Nach-
schub machte, den er bei den Akten und nicht in der Geld-
kiste liegen hatte, das scheint den Untersuchungscommissarius
weniger befremdet zu haben, als die Thatsache, dass an Depositen ein Betrag von 1000 fl. den Deputirten zu Gemeinde-
zwecken gegen einen Wechsel ausgehändigt worden war, der
folgenden Wortlaut hat: „Bamberg den 6. Junius 1791. Ein
Monat nach dato zahlen wir *in solidum* einer vor dem andern
und jeder vor der ganzen Summe an ordre hies. Herrn Land
Ober Rabiner Löw Meier Berlin 1000 fl. Rh. Werth empfangen,
leisten seine Zeit richtige Zahlung, mit Unterwerfung Nürn-
bergischen Wechselrechts."[2] Diesen Betrag hatten sich nämlich die Deputirten ausfolgen lassen für Steuerrückstände,
welche die Gemeinde von den Interessenten der Masse zu
fordern hatte. Nach einem über diese Forderung erfolgten
Accord verblieb noch ein Betrag von 360 fl. 43½ Kr. in den
Händen der Deputirten, die in die Masse gehörten, für welche
aber die Sicherheit des Wechsels bei den Akten lag, der jederzeit in Baargeld verwandelt werden konnte. Merkwürdiger
Weise wurden gerade für diese unschuldige Manipulation der
Rabbiner mit den Deputirten auf Grund von Pflaums Entwurf

---

[1] Diese Behauptung kann vielleicht durch Folgendes unterstützt werden:
Als der Rabbiner bei seinem Scheiden aus dem Amte das ganze Cassawesen
seinen Vertretern über~~ ~~ab. stellte sich bei der Inventuraufnahme heraus, dass
Löw Wertheimer in summa noch fl. 9063.29 zu bekommen hätte. Das
Protokoll (vgl. oben S. 21) bemerkt darüber: „Rab. legt aber Anweisung und
Quitungen vor, dass er an obberührten W. fl. 9785.16 bezahlt, und also ohne
viele hunderte Unkösten, die ihm eröfterter Deputirter (nämlich W.), wie er
sagt, sowohl directo als indirecto zahlen muss, worüber er aber keine eigent-
liche Belagen aufweisen konnte, noch mehr als 700 fl. von ihm zu fordern
hat." F. 519. Der Rabbiner hatte sonach mehr bezahlt, als er sollte.

[2] Im Protokollbuch der Gemeinde findet sich S. 123 ein Eintrag über
548 fl. Fr., welche die Gemeinde vom Rabbiner aus dem Nachlass des Lesar
am 28. Adar II 1791 empfangen. Aus den hierher gehörigen Ansätzen der
hebr. Originalrechnungen des Rabbiners ist keine Klarheit zu gewinnen.

zur Bamberger peinlichen Gesetzgebung I § 180—81 am
meisten verantwortlich gemacht. Wir sagen: „merkwürdiger
Weise", weil erstens später mit Gutheissung und sogar auf
Anordnung des Commissarius aus den Depositen verschiedene
Anleihen gegen Wechselsicherheit herausgegeben wurden; weil
zweitens die Deputirten mit dem Rabbiner, wie derselbe sich
ausdrückte, doch nur „einen Körper" ausmachten;[1] und weil
drittens das definitive Gutachten des Commissarius constatiren
musste: „Gewinnsüchtige Absichten und Verwendung der ge-
nommenen Summe zum eigenen Nutzen von Seiten des Rab.
stellten sich aus den Acten nicht dar. Ein Schaden ist
dadurch der Depositenmasse nicht zugegangen."[2]

Soweit über die Ergebnisse der Untersuchung. Nun wird
der aufmerksame Leser, der diesen Ausführungen bis zu diesem
Punkte geduldig gefolgt ist, nach dem Ausgang der ganzen
Angelegenheit fragen. Geduld! lieber Leser. Die Justiz des
vorigen Jahrhunderts hatte noch langsamere Schritte als heutigen
Tages. Aber allmählig nähern wir uns doch zum Ende. Wir
haben oben gesehen, dass L. Berlin die Sorge um den Ausgang der Angelegenheit, in welcher seine Ehre engagirt war,
mitgenommen hat in seinen neuen Berufskreis, wo ihm bei
seiner Ankunft in Cassel — nach mündlicher Ueberlieferung —
grosse Ovationen dargebracht und die Pferde vom Wagen
ausgespannt worden sein sollen. Kaum dass er sich von den
gehabten Aufregungen erholt hatte, da bittet er laut Eingabe
vom 8. Juli 1794 durch seinen Vertreter in Bamberg um die
endliche Verkündigung des Endurteils: „Letzterer lag mir
seither angelegendlichst und um deswillen an, um dadurch

---

[1] Dies war nach der Verordnung über den jüd. Gerichtsstand (vgl.
meine Gesch. S. 193 ff.) thatsächlich der Fall.   [2] § 61. Unter so bewandten
Umständen hätte der Fall nach heute geltenden Grundsätzen, zumal bei dem
Charakter der Depositen als offener und vertretbarer Sachen, aus-
schliesslich privatrechtliche Folgen (vgl. Fr. v. Liszt: Lehrb. des deutschen
Strafrechts S. 458, 460 und 472). Auch nach talmudischem Rechte, das für
den Rabbiner einzig und allein massgebend sein musste, blieben die Conse-
quenzen rein privatrechtlicher Natur (vgl. S. Mayer: Gesch. der Strafrechte III
596 und Choschen mischp. H. pikkodon).

den mir zeither aufliegenden Kosten der annoch mit Realkaution verbundenen Kaution durch Bürgen ziel und Maass
gesezt zu sehen, und der Aufmerksamkeit meiner vorherigen
sowohl als gegenwärtigen Judengemeinde entzohen zu werden."[1]
Diese Eingabe vermochte aber ebenso wenig die Angelegenheit
von der Stelle zu bewegen, als die nachfolgenden Eingaben
vom 8. September und 25. November, welche der in Fürth
unter dompröbstlichem Schutz wohnende Sohn des Rabbiners,
Wolf Berlin,[2] an die Adresse des Fürstbischofs richtete.
Die erste derselben hat folgenden Wortlaut:

„Ew. Hochfürstl. Gnaden werden die schwere Unbilde, so mein
redlicher Vater, der nunmehrig Hochfürstlich Hessen-Cassellische Ober-
Land-Rabiner Löw Meyer Berlin, während seiner Begleitung der Hochfürstl. Land-Rabiner Stelle zu Bamberg, unschuldig erdulten müssen,
guten Theiles annoch gnädigst bekannt und erinnerlich seyn.

Ohne von den vielfältigen grosen Bedrängnissen, die derselbe bey
dem dortigen Hochlöbl. Vice-Dom-Amt zu erleiden gehabt, dermalen
etwas zu gedenken, beruhet der Hauptgegenstand auf denen boshaften
Diffamationen und grundlosen verläumderischen Denunciationen bösartiger
und gewissenloser Menschen, wodurch Ew. Hochfürstl. Gnaden zu huld-
reichester Anordnung einer Hochfürstl. Commission gegen das Juden-
Gericht zu Bamberg gnädigst bewogen worden sind.

Im Verlauf der Sache und bey der strengsten Untersuchung der
falschen Beschuldigungen, werden die ergangenen Acta die vollkommenste
Unschuld meines Vaters durch und durch klar und deutlich erprobet haben.

Dem Vernehmen nach sind die längst geschlossene Commissions-
Acta, samt beygefügtem Gutachten an die Hochfürstliche Regierung zu
Bamberg eingeschicket — Hierüber auch ein Definitiv-Urtel geschöpfet
und solches Ew. Hochfürstl. Gnaden bereits vor mehr als 5 Monathen
ad clementissime ratificandum devotest überreichet worden.

Wann nun aber die Publication gedachten Urtels bis diese Stunde
noch unterblieben -- meinem Vater hingegen an deren möglichster
Beschleunigung äusert vieles gelegen ist, um dadurch von dieser lang-
wührig beschwerlichen Sache endlich einmal los zu kommen und sowohl
seine vorige — als jezige Juden-Gemeinde, durch Offenlegung seiner von

---

[1] Reg.-Akten des Kreisarch. 1794 Bd. 16 St. 89½, denen auch die
zwei nachfolgenden Abschriften entnommen sind. [2] Derselbe war am
13. August 1761 in Fürth geboren, verheiratet in erster Ehe mit Hanna
Ullmann aus Pfersee, in zweiter mit Esther Nathan aus Schwabach, gestorben
in Fürth als angesehener Kultusvorsteher am 9. Juni 1828. Die Grab-
schrift rühmt ihn als gelehrten und wohlthätigen Mann, der den Seinen
plötzlich entrissen wurde.

bösen Leuten, die im Gegentheil criminell behandelt und zu seiner
Satisfaction öffentlich bestrafet zu werden, gar wohl verdienet haben,
so hoch gekränkten Unschuld, desto mehr überzeugen zu können,
annächst auch von der, gegen die gnädigste Entlassung von der Rabinerstelle zu Bamberg, praestirten Real-Caution und übrigen Versicherung
einstmalen entlediget, sonach der erlegten Gelder hinwiederum habhaft
— anbey zugleich von mehreren Kosten und vermässigten Behelligungen
enthoben zu werden: So bin ich Endes devotest Unterzeichneter" so kühn,
um eine beschleunigte Erledigung des Endurteils zu bitten.

Noch dringlicher lautet die nachfolgende Eingabe:

„Ew. Hochfürstliche Gnaden in aussenbemerkter Sache so oft um
die Beschleunigung des Erkenntnisses unterthänigst zu behelligen, würde
ich allerdings Bedenken tragen, wenn es nicht Sache wäre, die meines
alten Vaters Ehre und guten Namen betrifft, und meine kindliche Pflicht
erheischet, so viel an mir ist, ihm die ferneren Kränkungen zu ersparen,
die an seinen Lebensfaden nagen, so lange er nicht freigesprochen worden;
eine Sache, welche meines Vaters Vermögen betrifft, aus welchem er zur
Deckung der fidejussorischen Caution eine Rückversicherung den Bürgen
einhändigen muste, die nun täglich unbenuzt mit Schaden verbunden;
eine Sache um deren Beendigung selbst die bestellten Bürgen ohne
Unterlass meinen Vater beängstigen, weil sie Handelsleute sind, und in
der Länge der Zeit ihren Kredit durch die Übernahme dieser Caution
geschwächt zu haben erfahren müssen.

Die gekränkte Unschuld schmachtet bey einem 7 monatlichen
Zeitverlauf, binnen welchen der Ausspruch des Gerichtshofs Ew. Hochfürstliche Gnaden gnädigste Sanction erwartet. Sie harret mit Ungeduld
auf die fürstmildeste Beförderung dieser Justizsache, weil man einmal
gewohnt ist, von Höchstdenenselben lauter nachahmungswürdige Proben
von schleuniger Verwaltung der Gerechtigkeit zu erlangen, wo es das
Mein und Dein, das Eigenthum des Unterthans, das Leben und den mit
demselben in gleichen Schritten gehenden ehrlichen Namen und dessen
Verlezung betrifft.

Ich kann mich nicht überzeugen, dass allein mein Vater eine
Ausnahme von der Regel machen und das Unglück haben sollte, seine
bereits untersuchte Rechtssache erst noch in der Entscheidung auf
längere Zeit zurückgesezt zu sehen.

Ew. Hochfürstliche Gnaden werden es mir daher nicht in Ungnaden
aufnehmen, wenn ich mich wiederholter erkühne, unterthänigst zu bitten,
dass doch einmal gnädigst gefällig sein wolle, sich von der Sache
referiren und die gnädigste Entschliessung erfolgen zu lassen.

Gnädigster Erhörung mich in tiefster Ehrfurcht getröstend
Fürth den 25. Novbr. 1794.

unterthänigster
(gez.) Wolff Löw Berlin."

Am 27. Januar 1795 erschienen Wolf Berlin und Männlein
Lesar vor der Untersuchungscommission und erklärten, dass

der Streit zwischen Letzterem und dem Rabbiner von Cassel
durch Vergleich vor dem jüd. Gericht von Bamberg aus der
Welt geschafft sei, infolgedessen die geleistete Bürgschafts-
verschreibung freigelassen wurde.[1] Bald darauf, am 14. Febr.
1795 starb der Fürstbischof Fr. L. v. Erthal und die Verkündigung des Endurteils erlitt abermals ein Verzögerung. Löb
Berlin versucht es, seine immer noch schwebende Angelegenheit durch folgende Eingabe an die Zwischenregierung zu
befördern:

Vor anderthalb Jahren wurde ich bei ehemaliger Verwesung meines
Rabineramts dahier mehrerer Personalgebrechen in Mittheilung der Justiz
bey weiland Ihre Hochf. Gnaden höchstsel. Andenkens von meinen Ver-
läumdern für schuldig angegeben, und Höchstdieselbe geruhten damals,
den H. Hofrath u. Professor Reuder als Commissarium zu ernennen, der
die gegen mich obwaltende angebliche Personalgebrechen geschärftest
zu untersuchen hätte.

Diese ganz von den Kabalen einiger feindlich gegen mich
gesinnten Juden herstammende Untersuchung wurde nach 4 Monaten,
u. z. im Monat Merz v. J. wirklich beendigt, von oberwähnten
H. Commissario der Vortrag bey hochf. Regierung gemacht, der Endurtel
abgefasst und zugleich beschlossen, dass dieser Endurtel vor seiner
Eröfnung Ihrer Hochf. Gnaden höchstsel. Andenkens zur Begnädigung
vorgeleget werden solle.

Als mich eben schon damals die Zeit zur unumgänglichen
Antretung meines mir, Anfangs der über mich verhängten Untersuchung,
übertragenen Oberlandrabineramts zu Hessenkassel dahin abrufte, versuchte
ich durch mehrere Vorstellungen meine Entlassung sowohl, als die
Eröfnung des geschöpften Endbescheids über die gegen mich geendigte
und für meine Ehr so nachtheilige Untersuchung durch eine baldigst zu
verfügende höchste Entschliessung beförderlich zu machen, allein ich
konnte mich meiner Entlassung nicht eher erfreuen, als bis ich in einer
weiteren fussfälligst und dringlichsten Vorstellung, dass ich bey länger
verzögerten Antrit meines mir, bereits vor 3 Monaten übertragenen neuen
Oberlandrabineramts zu Hessenkassel, dieser Stelle gar verlustiget werden
würde, mich zur Stellung einer Realkaution anheischig machte, wodurch
ich endlich die höchste Rücksicht, mich zu entlassen, und die höchste

---

[1] Dagegen befindet sich der Streit des Rabb. c/a. Sam. Hajum noch
1797 *in revisorio* und der Streit des letztern c/a. Männl. Les. schwebt noch
1802. Männlein mit seinen 7 Kindern war in Folge seiner vielen Prozesse
so verarmt, dass er mit einem Bettelbriefe sich an den Fürstbischof wenden
musste. Nachträglich ersehe ich aus Regierungsakten vom Jahre 1782
Bd. 27 St. 32, dass Männlein nicht nur ein lüderlicher Schuldenmacher, sondern auch ein *mauvais sujet* war (vgl. oben S. 8).

Verheissung, nach den dortmals einfallenden Osterfest, auch mit dem Endbescheid versehen zu werden, auf mich herabzog, und die sehnlichst erwartete Erlaubnis erhielt, dass ich gegen Leistung einer Realcaution von 200 fl. Fr. mich wegbegeben, und diesennach mein Oberlandrabineramt zu Hessenkassel antreten könnte.

Einige Monate nach meiner Abreiss, und als die Eröfnung des Endbescheids in dieser gegen mich beendigten Untersuchung in Vergessenheit gefallen zu seyn schien, wagte ich es, in meiner Abwesenheit durch meinen Anwalt Mittels mehrerer untern 5ten Julius und 30ten August v. J., dann einmal von Hessenkassel aus eingereichten unterth. Vorstellungen die so inbrünstig, und zur Rettung meiner Ehre im Auslande erwartete höchste Entschliessung in Begnehmigung des von hochf. Regierung verabfassten und zu eröfnenden Endurtels, in gedachter Untersuchung gegen mich, weiland Ihre Hochf. Gnaden höchstsel. Andenkens aufmerksam zu machen; es mögen aber die damals schon immer abwechslende Gesundheitsumständen Höchstsie Höchsel. Andenkens in Begnehmigung der von hochf. Regierung in dieser Untersuchungssache gegen mich geschöpften Endurtels verweilet, und mir daher keinen Raum gelassen haben, mit meinen fussfälligsten Bitten erhöret zu werden.

Gegenwärtig, da die gegen mich verfügte Untersuchung nur allein zum Gegenstand der Justiz geeigenschaftet ist, und die Euren Exzellenzien Hochwürden Gnaden Gnaden gnäd. regierende Herren Herren anklebende berühmteste Gerechtigkeitstugend in Mittheilung unverweilter Justizpflege sich immer vorzüglichst ausgezeichnet hat, so säume ich nicht, in der mich so quälenden Herzensbeunruhigung über den Aufenthalt des zu eröfnenden Endbescheids, meine Zuflucht zu Euren Exzellenzien etc. zu nehmen, und Höchstdenselben vorzutragen, wie kränkend ohne Schilderung, und den Gang meiner Geschäfte stöhrend es für mich seither gewesen seye, dass ich meine Ehre wegen der solang unentschieden gebliebenen Untersuchung aller mir aufgebürdeten Personalgebrechen, womit ich mich bey Mittheilung der Justiz dahier befleckt haben solle, im Ausland zweydeutig und das Vertrauen meiner Gerichtsuntergebenen auf mich als einer Gerichtsperson schwankend habe ansehen lassen müssen.

Alles dieses, und der noch hinzutretende Nachtheil, meine geleistete Realkaution zu 200 fl. Fr. verlängert liegen lassen zu müssen, treibet mich an, an Euren Exzellenzien etc. etc. mich mit meinem fussfälligsten Bitten zu wenden, es wollen Höchstdieselben gnäd. geruhen

Die in dieser Untersuchung verführte Akten aus dem Cabinet gnäd. abzurufen, die bishero zurückgebliebene Höchste Begnehmigung des, in der gegen mich verführten Untersuchung, von hochf. Regierung verabfassten Endbescheids gnäd. zu supliren, — sodann der höchsten Landesregierung den höchsten Befehl zugehen zu lassen, dass der in dieser Untersuchungssache bereits vor einem Jahr gefällte Endurteil eröfnet werde.

Ich gewärtige eine gnäd. willfahrende höchste Entschliessung mit jener tiefesten Erniedriguug, in welcher ich ersterbe etc. etc.

Bamberg den 9. Merz 1795.

Löw Mayer Berliener
Oberlandrabiner der jüd. Gerichte zu Hessenkassel
ehemaliger Stadt und Landrabiner dahier. ([1]

Die Untersuchungscommission beschloss nun, *sede replata* diese Angelegenheit sofort zu verendschaften. Schon am 13. April 1895 frägt die Regierung beim neugewählten Oberhaupt an, ob nicht, da das Ergebnis der Untersuchung eine reine Justizsache sei und damit die diesseitige Justizpflege im Auslande nicht verschrieen werde, das Regierungsurteil vom 4. April vor. J. sofort zu verkündigen sei. Und schon am 15. April erfolgt aus dem Kabinet die Entschliessung:

„Ich bin gar nicht entgegen, wenn dasjenige, was die Regierung bereits unterm 4ten April v. J. über Personalgebrechen begutachtet hat, aus den angeführten Gründen um so mehr den Partheyen verkündet werden will, als Ich ohnehin Justizsachen, wenn es nicht auf Beförderung derselben ankömmt, in Mein Fürstliches Cabinet zu ziehen, gar nicht gedenke; nur erwarte Ich zu seiner Zeit, wenn die Realgebrechen der jüd. Gerichtsverfassung untersucht seyen werden, zu deren Abstellung ausführliches und angemessenes Gutachten." (F. 581.)

Hierauf erfolgte schon am 7. Mai früh um 10 Uhr bei der Regierung im Beisein aller Interessenten die Verkündigung des folgenden Urtheils:

In Untersuchungssachen des jüdischen Gerichts dahier, *Commissionis*, desselben Personalgebrechen betreffend, wird Von des hochwürdigsten Fürsten und Herrn, Herrn Christoph Franz, Bischofen zu Bamberg, des heiligen römischen Reichs Fürsten etc. Verordneten Hofraths-Präsidenten, Kanzler, Geheimen, und Hofräthen zu Recht erkannt, dass

1) die wegen unerlaubter Erhebung der Gebühren, in streitigen Rechtssachen denuntiirten jüd. Gerichts Personen, weder strafwürdig, noch zur Wiedererstattung Verbunden, eben so wenig

2.) die auch wegen unrechtmässiger Gebühren in willkürlichen Rechtssachen denuntiirten jüdischen Gerichts Personen einer Strafe zu unterwerfen, jedoch jener – von dem Vorbenannten Rabiner allen Interessenten des Pfalz-Neuburgischen Theilungsgeschäfts für Bemühungen im vorangegangenen Geschäft mit

---

[1] F. 574 ff. Sein Amtssiegel zeigt in der Mitte einen gekrönten Löwen, über dessen Haupte im Halbkreise die Umschrift: Löw Mayer Berlin, während der Kreisrand die Worte trägt: Fürstl. Hessen Casselischer LO. Rabbiner.

100 fl. rh. gemachte Ansatz auf 50 fl. rh. richterlich zu
ermässigen, und diesem nach dem hierauf klagenden Sam u el
Hayum aus Trabelsdorf 2 fl. 55 Kr. rh. zu refundiren, nebst
dem auch demselben 2 fl. rh. als entdeckter Rechnungs-Verstoss
zu erstatten;

3.) Vorbenannter Rabiner, und der eine Neben Rabiner, Feist
Samuel Buttenheimer, Von der gegen sie gemachten
Anklage, ob hätten beyde Geschenke in Amtssachen angenommen,
gänzlich frey zu sprechen; wohl aber

4.) Rabiner sowohl als die Vier Deputirte der hiesigen Judenschaft der Vergreifung an den bey dem jüdischen Gerichte
dahier hinterlegten Geldern für schuldig zu erkennen, und
deshalb zu einer Geldbusse zu hundert Reichsthaler, wovon
zwey Drittheile der Rabiner, ein Drittheil aber die Vier Deputirte zu entrichten haben, zu Verurtheilen, endlich

5.) die zur Untersuchung unrechtmässiger Gerichts-Gebühren und
Geschenkeannehmungen aufgelaufenen Commissions-Kosten von
den Denuntianten, den Lesarischen Erben und Samuel Hayum
aus Trabelsdorf,[1] jene dagegen, welche zur Untersuchung
des jüdischen Depositenwesen aufgelaufen seyen, von dem
Rabiner mit Zwey[2] — und von den 4 Deputirten mit einem
Drittheil zu erstatten seyen. V. R. w. Publikatum bey der
hochfürstlichen Regierung.

Bamberg den 7ten May 1795.[3]

Hierauf wandten sich Rabbiner und Deputirte mit einem
Gnadengesuch an den Fürstbischof, in welchem es heisst:

„Schon vor der gnädigst angeordneten Kommission, als dieselbe
das Depositenwesen bey uns untersuchte, und statt eines eben nicht so
grossen baaren Geldbetrags einen bewährten und sicheren Wechsel von
ähnlichem Belang fand, brachten wir auf abgeforderter Rechtfertigung
über den baaren Abgang unterthänigst vor, dass, weil die dahiesige
Judenschaft den sich vorfindenden baaren Geldabgang an den pfalznenburger
Desposito rechtlich zu fordern, und ihre Forderung über kurz oder lang
zu erhalten hatte, so hätten wir kein Bedenken genommen, Ihre an den
Depositengeldern gehabte Forderung aus denselben zu erheben, und
solche wegen den bedurftigen Umständen der dahiesigen Judenschaft
zur Bestreitung der unvermeidlichen Ausgaben zu verwenden, zur Er-
gänzung aber des gerichtlichen Depositi einen auf der Stell in Geld zu
versetzenden Wechsel zu den übrigen Depositengeldern einzulegen."

Als uns dies von der Komiss. als „Vergreifung" geschildert wurde,
entschuldigten wir uns mit Unwissenheit. Diese haben wir nun zu büssen.

---

[1] Im Conclusum vom 4. April 1794 wird das damit motivirt: „weil
sie zum Teil unrichtige Anzeigen vorgebracht, zum Theil auch . . . den
Umstand, dass ihren Gerichtspersonen ein eigener Aufnahmsbrief von Seite
der ganzen Judenschaft vorgeschrieben sey, verschwiegen haben" (F. 485).

[2] Seine Gerichtskosten beliefen sich auf 49 fl. 36 Kr.   [3] F. 585.

Schon die Kosten fallen uns u. unsern häuslichen Umständen äusserst schwer, weit härter u. niederschlagender die Strafe v. 100 Rth.

„Wir erlauben uns demnach, zum Höchsten Gnadenthron Eurer Hochfürstlichen Gnaden unsere Zuflucht zu nehmen, und die Höchste Milde durch nachstehende Gründe rege zu machen.

1) waren wir weit entfernt, etwas von den abgegangenen Depositenbetrag uns zum eigenen Gebrauch zuzueignen, sondern bedienten uns lediglich zum Nutzen der ganzen Judenschaft, u. z. nur in so weit, als die Forderung derselben an den pfalzneuburger Deposito gegründet war, und ihr auf jeden Fall einsmals zu Theil werden musste, dieser Herausnam. Hierzu vermeinten wir

2.) schuldlos uns berechtigen zu können, da wir zum Theil uns träumen liessen, dass der gegen Herausnam des Depositi von uns den übrigen Depositengeldern eingelegte Wechsel, weil er so gleich in Geld konnte umgesetzt werden, die Stell des baaren Gelds vertrette; zum Theil noch mit dem Irrthum eingenommen waren, dass nur eine solche Handlung als sträflich anzusehen seye, wenn der Depositeninhaber das Depositum zu seinem Gebrauch oder gewinnsüchtigen Absichten verwende. Dieser Irthum wird uns aber

3.) noch daher verzeihlich werden, weil wir keine im Rechten erfahrene Leuthe sind, noch jemals durch irgend einen zufluss einer hochfürstl. Landesverordnung in diesem Irthum aufgekläret, oder aus derselben auf die mindeste Art gewarnet worden wären.

So seicht auch immer diese für uns angeführte Gründe auf der Wage der Gerechtigkeit Eurer Hochfürstl. Gnaden anschaulich werden mögen, so vertrauensvoll zehlen wir mit noch nicht gesunkenen Muthe auf die unumschränkte Milde Eurer Hochfürstl. Gnaden und liegen Höchstsie mit der fussfälligsten Bitte unterthänigst an

Uns in Höchsten Gnaden die uns zuerkannte Strafe von 100 Rth. zu erlassen, wenigstens eine fürstmildeste Ermässigung derselben uns angedeihen zu lassen.

Wir gewärtigen eine uns trostbringende und uns zum unterthänigsten Dank verpflichtende höchste Entschliessung mit jener tiefesten Erniedrigung, in welcher wir ersterben.

Bamberg den 17ten May 1795.

Euer Hochfürstl. Gnaden
unterthänigst gehorsamste Löw Mayer Berliner. Hessenkasslischer Oberlandrabiner ehemaliger Rabiner dahier, dann 4 Judendeputierte dahier.“ (F 545 ff.)

Der Fürstbischof entscheidet zu Händen der Regierung:

„Den 4 Deputirten, welche zur Bezahlung eines Drittels an dieser fraglichen Geldbusse verurtheilt worden sind, will Ich gleichwohl in dem Wege der Gnade die sie betreffende ratam entlassen; dahingegen hat die Regierung auf Beytreibung der übrigen zwey Drittheile, die der ehemalige Rabiner zu bezahlen hat, lediglich zu bestehen; sonst auch an Mich zu seiner Zeit den Vortrag über die Abstellung der Realgebrechen, die sich bey der jüd Gerichtsverfassung entdeckt haben, zu erstatten[1], und dermal schon, wenn es noch nicht geschehen seyn sollte, der Judenschaft aufzutragen, mit ihren Gerichtspersonen wegen Festsetzung der Amtsgebühren nicht eher eine Verabredung künftig zu treffen, bis solche vorher der Regierung vorgelegt und von derselben geprüft, dann gut geheissen seyn wird.[2]

Bamberg den 20ten May 1795.“ ﹝F. 598 b)

So hatte denn endlich nach mehr als zweijähriger Dauer eine Angelegenheit ihre Erledigung erreicht, die dem Oberlandesrabbiner Löb Berlin eine Quelle unsagbarer Unbill und schmerzlicher Kränkungen gewesen. Das hohe Ansehen, dessen er sich in seinem neuen Wirkungskreise in Cassel, wo er als Consistorialrath zu einem der frühesten Reformrabbiner sich entwickelte, zu erfreuen hatte, mag ihn für Manches entschädigt haben. Die Schilderung dieses neuen Wirkungskreises würde über den Rahmen dieser Arbeit hinausgehen.[1] Aber noch in den Nekrologen, die ihm nach seinem Tode gewidmet wurden, glauben wir etwas von dem Schmerze nachklingen zu zu hören, welchen die im Vorangegangenen geschilderten Vorgänge dem Lebenden bereitet haben mussten. In einer Casseler Zeitung erschien folgende

„Todes-Anzeige.

Den 21sten d. M. ging der Landrabbiner der israelitischen Glaubensbekenner in Hessen, Herr Löb Maier Berlin, im 77sten Jahre seines Alters mit Tode ab. Sein Leichenbegängniss hatte den 22sten Nach-

---

[1] Dieser Teil des Gutachtens ist wohl niemals geliefert worden und überhaupt der Plan einer Reorganisation des jüd. Gerichtes bei den Kriegswirren jener Zeit bald in Vergessenheit geraten. [2] Auch davon findet sich keine Spur. Vgl. Kaufmann's Pinkas Bamberg S. 45.

[1] Ueber seinen Empfang beim König Jerôme und den Emancipations-Dankgottesdienst vgl. Oesterreicher: Denkwürdigkeiten der Staatenkunde II H. 1 S. 70 ff. Wahrscheinlich ist es die bei dieser Gelegenheit von L. Berlin gehaltene Predigt, die nach Sulamith 1808 S. 3 auch im Drucke erschien. Sein Ernennungsdekret zum Consistorialrath das. S. 255, die von ihm mitgezeichneten freisinnigen Consistorialerlasse das. Jahrg. 1810; vgl. noch Jahrg. V Bd. II S. 398, wo es heisst: „Der fromme, ehrwürdige, Gott und die Wahrheit über alles liebende Greis, der Landrabbiner H. Löb Berlin, verrichtete noch in seinem 74. Jahre die Confirmation in Cassel sehr feierlich.“ Vgl. ferner Heinemann's Allgem. Archiv des Judent. Bd. III und Graetz Bd. XI S. 309 und 413.

mittags statt. Herr Löb Meier Berlin hatte dem Landrabbineramte, nachdem er dasselbe früherhin in mehreren deutschen Gemeinden, namentlich in Fürth und Bamberg verwaltet, 20 Jahre hindurch, mit Würde in Hessen vorgestanden.

In ihm vereinigte sich ein durch die liberalsten Ideen erleuchteter Verstand, mit einer jetzt vielleicht kaum noch vorhandenen Vollendung des rabbinischen Studiums. Sein Lebenswandel war der eines Weisen im strengsten Sinne des Wortes. Weder der Verlust einer ihm über alles theuren Gattin, noch der Tod zärtlich geliebter Kinder, welche im reiferen Alter bereits vor ihm schieden, noch der Verlust eines beträchtlichen Vermögens, noch die Leiden einer langjährigen Siechheit, noch irgend eine Art von Wiederwärtigkeit, vermochten seine Seele zu erschüttern, seinen Gleichmuth, seine fromme Ergebung zu mindern, die Heiterkeit seines Gemüths ihm zu rauben, die Lebhaftigkeit seines stets regen Geistes zu tödten.

Seinen Gemeinden war er stets Beispiel und Muster — Und gleich als dürfe bei keines Sterblichen Grabe die Thräne des Armen fehlen, beweinen auch seine dürftigen Mitmenschen in ihm einen Vater, welcher der Welt unbewusst, und von ihnen selbst ungesehen, zur Linderung ihrer Leiden jederzeit, und oft mit Aufopferung, bereit war.

Die Freunde und Verehrer des Verstorbenen."

Und in Sulamith, dem Organ des westphälischen Consistoriums, erschien (Jahrg. 4 Bd. I S. 430) folgende

Todes-Anzeige.

„Im Monat Mai 1814 ist der unter seinen Glaubensgenossen rühmlichst bekannte Hessen-Kasselsche Land-Rabbiner, Herr Löb Mayer Berlin zu Kassel, zum Leidwesen Aller, die diesen vortrefflichen Mann kannten, in einem Alter von 78 Jahren [1] mit Tode abgegangen. Er war einer der verehrungswürdigsten Rabbiner. Seine Gelehrsamkeit besonders im Theologischen, verbunden mit wahrer Frömmigkeit, Toleranz, unbeschreiblicher Herzensgüte, Sanftmuth und ächter Weisheit, charakterisirten diesen gelehrten, höchstehrwürdigen Mann! Er war aus Fürth bei Nürnberg gebürtig, versah daselbst viele Jahre mit vieler Sachkenntnis und Weisheit, zur grössten Zufriedenheit, die Stelle eines Rabbiners, wurde hierauf als Land-Rabbiner nach Bamberg und vor ungefähr etlichen 20 Jahren von dort nach Kassel berufen, erhielt im Jahre 1809 daselbst die Stelle als geistlicher Konsistorialrath, leistete in diesem seinen neuen Berufe nach seinen tiefen Einsichten und Kräften, Gutes, und starb mit einer seltenen Ruhe, beweint von seiner Familie, seinen Freunden und Verehrern. Sanft ruhe Deine Asche, unvergesslicher Volkslehrer und Menschenfreund im ächten Sinne des Wortes!"

---

[1] Vgl. oben S. 6. Sein Porträt bringt Kohut's Geschichte der Juden in Deutschland S. 678.

II.
Ergänzungen und Berichtigungen.[1]

———

Hinsichtlich der Excesse und Plünderungen, welche im Frühjahr 1699 Stadt und Land in Schrecken versetzten (S. 24 ff), ergeben die Statthalterei-Akten, dass den Juden nicht der kleinste Teil einer Verantwortlichkeit nachgewiesen werden kann, da sie weder als Verkäufer noch als Käufer stiftischen Getreides beteiligt waren. Im Gegenteil: als das Quantum des nach Holland von der Regierung an Nichtjuden verkauften Getreides in Folge der Schiffskornplünderung nicht geliefert werden konnte, übernahm Sal. Abr. in Mainz die Nachlieferung und half die „Reputation" des Kurfürsten erhalten. Dagegen kann die damalige Regierung, welche für Gült und Zehnt die Zufuhr von Kornlieferungen der Unterthanen verlangte, trotzdem der Hungergast auf dem Lande drohte, von der Verantwortung für die bedauerlichen Vorfälle nicht ganz freigesprochen werden. Die Haltung der Bürgerschaft war eine mehr als zweifelhafte. Der Bericht des Statthalters v. 1./5. äussert darüber: „An der Bürgerschafft hingegen zu vermerkhen gewesen, dass, ob sie schon mit gewehr erschienen, sie gleichwohlen, indem es lediglich die Juden betroffen, den erforderten Ernst nicht gezeiget, sondern *quasi conivendo*" die Ausraubung von 5 Judenhäusern in Bamberg mit verursacht hätten. Die angeordneten Kanzelvorträge der Geistlichen haben es nicht verhüten können, dass in Hirschaid dem Sturme, der in einer Sonntagsnacht auf ein Judenhaus unternommen wurde, die ganze Dorfgemeinde wie einem Schauspiele lachend zuschaute und dann, zur Rechenschaft gezogen,

———

[1] Für das Nachfolgende sind als Quelle, wo nichts anderes angegeben, die mir erst nachträglich zur Verfügung gestellten „Regierungsakten" entsprechenden Jahrgangs des Kreisarchivs zu betrachten. Mein Hauptwerk werde ich kurz nach Seitenzahl citiren.

Niemand etwas gesehen haben wollte. In Burgkunstadt rückte
zwar die Bürgerschaft gegen die ungebetenen Gäste aus, aber
viele gesellten sich zu den Räubern. Ist es ein Wunder, dass
einer von den Dummen, die sich erwischen liessen, sich damit
entschuldigte: er hätte gemeint „es were von der Herrschaft
erlaubet, weiln iedermann die Beute so offentlich getragen habe"?
Der wackere H. v. Lauffer (S. 38), der diesen Namen verdiente, hat die Synagoge von Rattelsdorf in einem solchen Zustand gefunden, dass nach seinem Ermessen sogar in Ungarn,
„wo Türckhen und Tartaren unchristlich gehauset, es schwehr-
lich wird übler aussehen können". Und H. G. von Redwitz,
der so naiv war zu meinen, dass „dergleichen in keinem *saeculo*
zum Vorschein kommen", beschämte die Bürgerschaft von Cronach
durch die Erinnerung, dass die Stadt „so zu anfang dieses
Saeculi sich durch halb Europen ganz lobwürdig und anietzo bey
dessen endigung so schimpflich sich verlustigt gemacht". —
Da auf dem Lande der Aufstand fast überall gleichzeitig am
22./23. Mai ausbrach, muss derselbe von langer Hand und ein-
heitlich vorbereitet gewesen sein.[1]

Aber durch die Energie der Regierungsorgane wurde den
Gedrückten der Mut so rasch gehoben, dass schon am 15. Sept.,
als ein Mann in das Haus des Hofjuden Marx (S. 262) mit der
Behauptung gelaufen kam, derselbe habe seinem Büblein einen
Pfennig gegeben, um es in sein Haus zu locken und ihm die
Gurgel rituell abzuschneiden, wie unlängst in Würzburg geschehen, diesem Gesellen ein Landjude spöttisch zurufen konnte,
er möge sich in acht nehmen, dass nicht ihm selber, der an
der Plünderung beteiligt gewesen, der ganze Kopf abgeschnitten
werde.[2] Wie aber auch die Juden unter sich über Zucht und
Ordnung wachten und jede Solidarität mit schlechten Glaubens-

---

[1] Vgl. noch Weber im 42. hist. Vereinsbericht S. 118.

[2] Als Marx 1702 einen Handel mit Bauerngütern, die er jedoch nur
an „ehrliebende Christen" im allerhöchsten Interesse zu verkaufen gedachte,
unternehmen wollte, genehmigte der Bischof es nur für einzelne Fälle und
nicht allgemein, weil dies sonst die Unzufriedenheit der noch nicht ganz be-
ruhigten Unterthanen erregen könnte. — Im Frühjahr 1718 bot ein unsittliches
Bettelweib zuerst dem „Rabbiner" (Kultusbeamten) von Cronach und dann

genossen ablehnten, ergiebt sich aus einer Eingabe der Gemeinde-
deputirten v. 13./1. 1700, wonach sie gewillt wären, „vnder
sich eine formbliche Inquisition so hier als vffen land vorzu-
nehmen", und ein Generalpatent erbitten, kraft dessen auf Angeben der Deputirten nichtsnutzige oder verdächtige Individuen
aus der Gemeinde und aus dem Hochstift sofort eliminirt werden
könnten, welches Ersuchen auch berücksichtigt wurde.[1]

Zu einer Ausschreitung kam es später nur noch einmal.
Anfang 1768 hatte Notar W o l f zur Anzeige gebracht, dass
einige unbekannte Juden seiner Enkelin Gewalt angethan.
„Die Folge von einer so ohnbedachtsamen Anzeige — die nach
Urteil der Regierung auf offenbarem Ungrund beruhe und wegen
ihrer Keckheit eine öffentliche Ahndung verdiene — hätte bey
dem ohne dieses neugierig und leichtgläubigen *Publico* ohn-
angenehm werden können". Es liegt nahe, wenn es auch nicht
erwiesen ist, damit die Thatsache in Zusammenhang zu bringen,
dass am 19. Sept., am Tage der Abreise des Fürstbischofs, an
welchem eine Menge Volkes bei der Aufrichtung einer Statue
auf der Seesbrücke versammelt war, Studenten die vom Viehmarkt
heimkehrenden Juden rottweise mit einem Steinbombardement
verfolgten, so dass der entstandene Auflauf durch Soldaten zer-
streut werden musste. Am 21., bei der Feier des Versöhnungs-
tages, musste zur Vorsicht sogar eine Patrouille vor der Synagoge
aufgestellt werden, was aber nicht verhinderte, dass durch
Fenstereinschlagen und Steinwürfe neue Ausschreitungen gegen
Juden verübt wurden.[2]

der „Juden-Rabbinerin" in Burgkunstadt ihr etliche Wochen altes Kind zum
Kaufe an, wurde sofort dem Amte übergeben und öffentlich ausgepeitscht. —
Die Denuntiation eines Ungenannten v. J. 17-2 bringt zur Anzeige, dass ein
J. von Heiligenstadt vor c. 20 J. zwei Christenkinder „unterschlagen" habe,
worauf der Amtmann in seinem Bericht äussert: „Die ganze Anzeich siehet
der unermeslichen Bosheit des famosen mehrmal schon in Haft gesessenen
N. N. gleich". — H. Rabb. Dr. Goitein in Burgkundstadt wird demnächst
von ihm aufgefundene Acten über eine in Küps 1797 vorgekommene Ritual-
mordanschuldigung veröffentlichen, bei welcher Gelegenheit die Regierung
energisch zu Gunsten der Verleumdeten intervenirte.

[1] Aus den Malefizakten.

[2] Aus Statthalterei-A. 1780 ordnete das Vicariat an, die Geistlichkeit
möge ihren Pfarrkindern einschärfen, dass die Juden auch Menschen seien,
folglich so wenig wie Christen misshandelt oder umgebracht werden dürfen.

Wir schliessen hier an die Mitteilung einer

Lista

der im Hochstifft Bamberg Wohnenden Schuzverwanthen Judenschafft,
so das Schuzgelt vom Quartal *Luciae* 1701 Bies *remin.* 1702 entrichtet:

Alss Bamberg.

Samuel Goltschmitts Wittib	5 fl. 45 kr.
Mayerss Wittib und Ihr Sohn Eleana .	16 . 40 „
Löw Abrahamb	11 „ 30 „
Benedict gehet frey	— „ — „
Samuel Hessleins Sohn . .	11 „ 30 „
Männlein	11 „ 30 „
Moysess Dauidss Aydam . . .	11 „ 30 „
Abraham Moysess Sohn . . .	11 „ 30 .
Moysess Joselss Sohn Benedicts Schwager .	11 „ 30 „
Chymel	11 „ 30 „
Marx	11 „ 30 „
Isaac Hesslein	11 „ 30 „
Löw Nathan	11 „ 30 „
Eleana Dauidss Sohn . . .	12 „ — „
Gabriel	11 „ 30 „
Nathan Heymbss Sohn . . .	11 „ 30 „
Dauid von Eger	11 „ 30 .
Abrahamb Benedictss Vetter . .	11 „ 30 „
Eleana Moysess Sohn . . .	11 „ 30 „
Hirsch Joseph Benedictss Schwager .	11 „ 30 „
Wolff Nathan	11 „ 30 „
Lasar Samuel Hessleinss Sohn . .	11 „ 30 „
Wolff Isaac	11 „ 30 „
Eleana Schimmelss Sohn . . .	11 „ 30 „
Michael Hesslein	11 „ 30 „
Liffmann Männleinss Tochtermann[1] .	11 „ 30 „

Vorcheimb.

Männlein Höchinger	11 fl. 30 kr.
Isaacs Dochtermann	11 „ 30 .
Falckh	11 „ 30 „
Seeligmann	11 „ 30 „
Eliass	11 „ 30 „
Löw	11 „ 30 „
Abrahamb	11 „ 30 „
Abrahamb verstorbenen Mayerss Sohn .	11 „ 30 „
Wolff Bamb. Rabienerss Sohn (S. 138) .	11 „ 30 „

---

[1] 30 Fam. (3 waren noch frei) zahlen 287 fl. 2 kr. p. a. Zu berichtigen
S. 202 Anm. 4 dahin, dass eine Ermässigung auf die Hälfte von 23 fl. eingetreten war.

Pudenstein.

Löwen Wirth	. . . . . .	5 fl. 45 kr.

Zeyl.

Jonas Wirth	. . . . . .	5 fl. 45 kr.
Moyses Seligmanns Sohn	. . .	11 . 30 .
Salamon	. . . . . .	11 . 30 .
Isaac	. . . . . .	11 . 30 .

Cronach.

Amsches Sohn	. . . .	11 . 30 .
Isaac	. . . . . .	11 . 30 .
Jonas Wirth	. . . .	5 . 45 .
Hirsch	. . . . .	11 . 30 .
Löw Jonas Aydax	. . . .	11 . 30 .

Hertzog-aurach.

Ensel	. . . . . .	11 fl. 30 kr

Burckh Ebrach

Moyses Männleins Sohn	. . .	5 fl. — kr.
Salamon Männleins Aydax	. .	5 . — .
Wolf	. . . . . .	5 . — .
Marumes Wittb	. . . . .	2 . 30 .

Das Schutzgeld wurde nicht als eine Reallast betrachtet, sondern für das persönliche Recht des Handels und Wandels entrichtet S. 49. Auf die Bitte der Jardel Hess aus Hagenbach v. J. 1795, ihr mit Familie den Schutz in Bbg unentgeltlich zu verleihen, um sich durch die Kunst des Spitzenausbesserns zu ernähren, erfolgte die fürstl. Entschliessung: „Judenschutz unentgeltlich zu verleihen, dazu finde ich gar keine Neigung, eben so wenig aber auch, einem Juden die Rechte des Schutzes ohne dessen wirkliche Verleibung angeliehen zu lassen". Dennoch wird die Bittstellerin mit Rücksicht darauf, dass ihre Kunst Manchem willkommen sein werde, unter die tolerirten Personen aufgenommen S 223). Dagegen wird dem Jacob aus Heidingsfeld, der sich 1790 als Lehrer der englischen Sprache in Bamberg niederlassen, und dem Hirsch Ezechiel, der 1798 die Zahnarzneikunst ausüben will, die Genehmigung des Aufenthaltes verweigert.[2]

An die Gemeinde mussten auch die sonst Begünstigten ihre Abgaben entrichten. Dr. med. Sal. Bernh. Wolffsheimer,

---

[1] 54 stiftische Fam. zahlen 517 fl. 19 kr. p. a. Vgl. noch S. 293 ff.

[2] Isr. Levi aus Fürth darf 1801 ein Singconcert in Bamberg geben.

durch Schutzdecret v. 5. Sept. 1746 von allen Abgaben an die
Kammer befreit, wird durch Beschluss der Regg. v. 19. 5. 1749
zur Entrichtung seiner Steuern an die Katasgemeinde verurteilt,
weil er doch auch das „jüdische ceremoniel exerciret", und als der
Arzt die Zahlung verweigerte, wurde ihm am 7. Aug. sogar mit
Ausschaffung aus der Stadt gedroht, falls er nicht binnen
8 Tagen seinen Pflichten gegen die Gemeinde nachkommen
würde. Trotz dieses rücksichtslosen Vorgehens konnte eine
fürstl. Revisionscommission, die sich um jene Zeit in Folge
von Beschwerden mit dem Rechnungswesen der Gemeinde beschäftigte, Steuerrückstände von nicht weniger als 20.000 fl.
und als Wirkung von Nachlässigkeiten des Cassiers eine Ver-
wirrung im Haushalt der Gemeinde constatiren, welche eine
Ueberverschuldung und die zunehmende Verarmung der Gemeinde
zur Folge hatte. Als 1766 der Gemeinde nach den früheren
Leistungen S. 220 noch 2000 fl. an preussischer Contribution
auferlegt wurden, meinte der Statthalter, es wäre billig, da der
„mehreste Theil dererselben bey sehr geringen Vermögen und
Mitteln stehen und sofort vermüssiget seyn dürften, wenigstens
einen Theil des Contributionsquanti Anlehensweis aufzunehmen",
der Gemeinde einen Termin der Abzahlung zu bewilligen; und
1774, als es sich um Bewilligung des jus praestationis handelte
(S. 87), heisst es im Gutachten der Regierung: es sei notorisch,
dass „ausser einigen wenigen annoch bemittelten Juden in
particulari das Judenschafts-corpus qua tale äusserst in passiv
credit stecke".

Ueber den Modus der Steuereinschätzung erfahren wir
noch, dass als die Landjudenschaft a. 1770 ein Project zur
Genehmigung vorlegte, nach welchem nach dem Muster anderer
Gemeinden eine Deputation mit Beiziehung eines 8gliedrigen
Ausschusses aus Stadt und Land unter Vorsitz des Rabbiners,
im Falle des Zweifels mit Hilfe des Offenbarungseides, die Verteilung der Anlagen vornehmen sollte (S. 84), das Vicedomamt,
misstrauisch gegen die Plutokratie, die obrigkeitliche Aufsicht
und eine Art gerichtlicher Inventur des Vermögensstandes nebst
Abschaffung der 4 Landdeputirten anstrebte. Die Gemeinde

lehnte natürlich eine unnötige Bevormundung der Behörde ab
mit dem bezeichnenden Bemerken: „Der Jüdischen Deputirten
Salarium bestehe darinnen, dass dieselbe ihre Schatzung Ratam
zuerst zahlen und alle übrige Bemühungen gratis verrichten
müssen", während das Amt eine Entschädigung für seine Bemühungen forderte. Als dann 1779 die ritterschaftlichen Juden
des Steigerwaldes sich weigerten, an den grossen Lasten des
Landesverbandes mitzutragen, und durch eine über sie ver-
hängte Handelssperre dazu gezwungen werden sollten, nahm
Gr. v. Schönborn (S. 87) im Interesse seiner Juden von Mühl-
hausen und Steppach sogar die Mitwirkung seines Oberlehns-
herrn, des Markgr. von Ansbach. in Anspruch, dessen Ministe-
rium an den Fürstbischof unter Androhung von Repressalien
sich wendet, worauf der Letztere antwortet: Wenn man erwägt,
dass die Juden des Steigerwaldes sich meist vom Handel mit
meinen Unterthanen ernähren und den Stiftsjuden Concurrenz
machen, so wird der Grund der Massregel, welche den Zweck
hat, die einheimischen Juden bei Vermögen und Kräften zur
Entrichtung der ihnen aufliegenden Lasten zu erhalten, billig
und gerecht erscheinen; ich hoffe sonach, dass der wechsel-
seitige Handel der Juden in unsern beiderseitigen Ländern
ungestört bestehen bleiben wird. Durch einen Vergleich,
der mit dem Siege der Corporation endet, wurde der Streit
beigelegt.

Dass gerade der Adel es mit dem Schutze seiner jüdischen
Unterthanen ernst genommen hat. ist bereits bekannt.[1] Dafür
noch einige Beispiele. Als in Folge einer wiederholten Beschwerde der bürgerlichen Gemeinde Zeckendorf über das riesige
Anwachsen der Anzahl ihrer Israeliten[2] der Fürst 1715 verfügte,
dass die Ueberzähligen „von dannen dimittirt vndt hinweg ge-

---

[1] S. 278. Betr. „Kiurim" (S. 59, vgl. Porges in Mschr. 1898 S. 477)
möchte ich noch auf Jahrb. für jüd. Gesch. u. Lit. 1898 S. 283 aufmerksam
machen.

[2] 1699 gab es daselbst 21 Haushaltungen, 1715 deren 12 ausser Schulmeister, Witwen und neuen Schutzbewerbern.

schaffet werden", machte der Rittercanton als solcher und insbesondere der Baron v. Aufsess dagegen Front, so dass die Verfügung ausdrücklich auf die überzähligen Stiftsjuden eingeschränkt werden musste. H. v. Aufsess nahm sich 1717 auch eines von Kronach ausgewiesenen Löw Coppel mit Erfolg an; nur entschuldigte sich der Fürstbischof einstweilen damit, dass in Kronach jüngst eine Bürgerstochter auf freiem Felde ermordet aufgefunden wurde und der Argwohn auf die Juden gefallen sei; sowie die Aufregung sich gelegt haben würde. wolle der Fürst sich der Sache annehmen, was auch geschehen.[1] Als i. J. 1729 die Regierung die Aufnahme einer statistischen Tabelle über sämmtliche Israeliten des Hochstifts verfügte, beschwerte sich sofort die Ritterschaft darüber und verbot ihren jüdischen Unterthanen, sich bei den fürstl. Aemtern zu melden.[2] In Folge dessen musste die Regierung den Rückzug antreten und verfügte, dass ihre Beamten nur unter der Hand und indirect sich über Anzahl und Vermögensstand der Rittersch iftlichen informiren mögen.

Wegen einer Forderungsklage des Wolf Mayer Brüll in Bamberg gegen Chr. Ludw. v. Aufsess (S. 121) wäre es fast zu einem Kartoffelkriege gekommen. Derselbe war nämlich seit 1739 von Pontius zu Pilatus gelaufen, ohne zu seiner rechtskräftig gewordenen Schuldforderung gelangen zu können, bis im Jahre 1747 die Regierung mit Execution vorging, indem sie an die Amtsverwesung in Königsfeld die Verfügung ergehen liess, auf einem dort dem v. Aufsess gehörigen, aber unter Vogteilichkeit des Bistums stehenden Bauerngut die Feldfrüchte wegzunehmen, um damit die Forderung des Brüll nach und nach zu befriedigen. Das war ein Greifen in ein Wespennest. Die Ritterschaft des Orths-Gebürg sandte der Regierung ein Schreiben zurück, ohne es auch nur einer Antwort zu

---

[1] Einem Sohne des Henoch Jac. Levin aus Halle wurde auf Verwendung des Königs v. Preussen 1753 der Schutz in Kronach bewilligt.

[2] Der Vogt von Ebermannstadt hatte den Vorsteher der Gemeinde in Hagenbach, einen Schutzjuden des H. v. Stiebar, weil er die Angabe seiner Vermögensverhältnisse verweigerte, in Haft setzen lassen.

wördigen, und wandte sich mit Beschwerden an den Kaiser, der unter Umgehung des Bistums den zwischen demselben und der Ritterschaft abgeschlossenen Rezess v. J. 1700 einfach kassirte.[1]

Dem Landadel wurde es von Seiten der benachbarten Bistümer Bamberg und Würzburg besonders übel genommen, dass jeder auf seinen 4 Pfählen so viel Juden „aufsezet", als ihm beliebte, und dadurch zum Anwachsen derselben Gelegenheit gegeben wurde, ein Uebelstand, dem die Bistümer durch gesetzliche Begrenzung der Anzahl auf ihren Territorien nach Möglichkeit zu steuern suchten.[2] Das Gesetz, welches die Anzahl der Familien beschränkte (S. 54), wurde ergänzt durch das Gesetz, welches die Anzahl der Judenhäuser beschränkte (S. 104 ff.), eine Massregel, welche auch den christlichen Hausbesitzern lästig werden musste. Hatte sich doch der Fall ereignet, dass von einem Hause in Bamberg sogar das Muttergottesbild herabgenommen wurde, um es an Juden verkaufen oder vermieten zu können.[3] Dazu kam noch das durch die Wahlkapitulation v. J. 1683 den Christen eingeräumte Wegkaufsrecht, nach welchem es jedem Liebhaber eines im Besitze eines Juden befindlichen Hauses ermöglicht war, dasselbe, ohne Rücksicht auf den Kaufpreis, den der Inhaber dafür bezahlt, ohne Rücksicht auf die seit dem Erwerb bewirkten Reparaturen gegen Entrichtung des Taxwertes an sich zu bringen und den Eigenthümer binnen kürzester Frist auf die Strasse zu setzen. Der Taxwert aber wurde durch eine Commission vereinbart, in welche die beiden concurrirenden Parteien und das Amt je einen Bauverständigen entsandten. Die jüdischen Hausbesitzer wurden also mit dreifachen Ruten geschlagen: was sie teuer gekauft, mussten sie billiger zwangsverkaufen und, da ihre Notlage aus-

---

[1] Die Gegenbeschwerde in Reg.-Act. 1748 Bd. 38 und 1751 Bd. 43 rollt die ganze Souverainetätsfrage auf und sei der Aufmerksamkeit eines Localhistorikers empfohlen.

[2] A. 1740 wird die Anzahl der ritterschaftlichen Juden im Verhältnis zu den stiftischen mit $2/3 : 1/3$ angegeben (S. 295). Auf den Lehen des Gr. Giech wohnten 1782 nicht weniger als 16 jüdische Familien.

[3] Reg.-A. 1737 Bd. 26 Prod. 25.

gebeutet wurde, bei Ersatzkäufen wieder höhere Preise zahlen.
Schlauheit ist die Waffe des Schwächeren. Der jüdische Be-
sitzer suchte die bedrohliche Situation damit zu umgehen, dass
er sein Haus zum Scheine an einen befreundeten Christen verkaufte, dasselbe aber sich dann gegen die schuldig gebliebene
Kaufsumme verpfänden liess und für die Zinsen derselben miet-
weise wohnen blieb.

Dass die Juden insbesondere aus der Langgasse, wo
Prozessionen durchgingen, herausgedrängt wurden, das erforderte
„die Ehre Gottes". So äusserte ein Gutachten der Regierung,
als Sensburg, der Judenfresser, das der Hofkammer lehnbare
Haus seines ehemaligen Glaubensgenossen Seligm. Hesslein,
das dieser 1749 um den Taxwert von 1800 fl. und 200 fl. Fr. für
das auf dem Hause haftende Privilegium erworben hatte, auf
dem Wege des Zwanges wegkaufen wollte (vgl. S. 112). Uebri-
gens war mit Hesslein zugleich auch Hirsch Süsslein als
Käufer dieses Hauses aufgetreten und erhielt, nachdem er hatte
zurücktreten müssen, in Anbetracht seiner bei der Wiesenpacht
und Heulieferung „leistenden erspriesslichen Diensten" ein
fürstl. Decret, das ihm für die nächste Gelegenheit eines feil-
werdenden Judenhauses den Vorzugskauf zusicherte.

Der Kampf *ad majorem dei gloriam* wurde besonders auf
dem Lande mit grosser Hartnäckigkeit geführt. In Kronach
(S. 136) war es der Pfarrer, der für Synagoge und Ghetto einen
hinter der Stadtmauer völlig abgelegenen Platz ausfindig machte,
„welchen man noch heut zu Tage (1760) die Judengass heiset,
weilen eben diesen Platz ehehin die Juden bewohnt". In
Maineck, wo 3 domprobsteiliche, 1 stiftischer, 1 Schutzjude
unter v. Künsberg, 5 unter Gr. Giech, 3 unter Ritterhaupt-
mann v. Wallenfels, zusammen 81 Köpfe i. J. 1764 lebten,
hatten seit c. 1694 die Israeliten in einem der Domprobstei
lehnbaren Hause ihre gottesdienstlichen Zusammenkünfte, wofür
sie der Probstei 1 Dukaten p. a. reichten. Und als sie a. 1764
dieses Haus mit Hilfe einer veranstalteten Kollecte zu dem
Zwecke gekauft hatten, um im oberen Stocke eine ständige
Synagoge einzurichten, erhob der Pfarrer von Weismain dagegen
einen Protest mit dem Hinweis, die Synagoge würde der benach-

barten Kirche ein Aergernis sein. In Friessen (S. 134) zog
die Hofkammer 1763 vor, ein ihr anheim gefallenes Haus, für
welches die dortigen Juden 1600 fl. geboten, den Christen um
1000 fl. zu verkaufen, indem man zugleich anstrebte, die
23 Haushaltungen nebst Synagoge in 8 nach ihrem Umfang
je c. 12—15 Schuh betragenden „Hütten" unterzubringen [1] Am
schlimmsten aber triete der Kampf aus in Lichtenfels.

Daselbst hatten sich als die ersten Israeliten Jacob und
Isaias aus Redwitz a. 1677 um den Schutz beworben, den sie einige
Jahre später erhielten. 1755 wurde den in christlichen Häusern
wohnenden Juden bedeutet, sich nach einer andern Unterkunft
umzuschauen (S. 136), und für diese neue Ansiedelung der
noch innerhalb der Stadtmauer in der Nähe der „hintern Darr"
gelegene Advocat Horscheltische Fideicommiss-Garten in Aussicht genommen. Da aber auf diesen Platz der Unrat von den
umliegenden Häusern floss, erhob die Gemeinde durch Vorstellung vom 26. Juli 1755 mit Erfolg den Einwand, dass abgesehen davon, dass es im ganzen Bistum kein Ghetto gäbe,
wie denn auch in Bamberg durch „peremtorial-Schluss vom
19. Juli 1695" (vgl. S. 106) das Ghettoproject verworfen worden
wäre, der ihnen zum Wohnen angewiesene Garten „ungesund
und sumpfig" sei. Da das Amt selbst in seinem Gutachten zu-
geben muss, dass durch dies Project die Juden von Lichtenfels
ruinirt würden, liess man die Verhältnisse beim Alten verbleiben,
bis sich i. J. 1763 gegen die 12 jüdischen Haushaltungen mit
c. 70 Köpfen ein Petitionssturm der Bürgerschaft erhob.

---

[1] In Altenkunstadt wurden die Schnüre des Eruw, die mit 18 Kr. jährlich versteuert werden mussten, vom Schultheissen 1717 darum abgeschnitten,
weil der Ortspfarrer dieselben für ein „zauberisch und aberglaubiges wesen"
erklärt habe; die Regierung schützt aber die Gemeinde (vgl. S. 135 unten).
In Burgkunstadt (S. 129 u. 224) musste 1740 jede der 49 jüdischen Haushaltungen dem Pfarrer 1/2 Thl., dem Kirchner und Schulmeister je 3 gute
Batzen p. a. an Stolgebühren zahlen. Der Pfarrer von Sendelbach verlangte
1746 sogar von den durchreisenden Leichen seine Gebühren und liess den
Leichenconducten durch Bauern nacheilen. Der Schulmeister von Kerschbach,
der die von Baiersdorf von der Beerdigung zurückkehrenden Juden auf offener
Landstrasse zur Entrichtung von Stolgebühren zwingen wollte, wird 1750
dafür zur centamtlichen Untersuchung gezogen.

Als nämlich in diesem Jahre Nath. Schola, der von
Mistenfeld nach Lichtenfels verziehen sollte, für die ungeheure
Summe von 25 fl. Fr. sich eine Wohnung mietete, deren früherer
Inhaber nur 4 fl. bezahlt hatte, legte die allgemeine Entrüstung
der Bürgerschaft gegen solche Verteuerung der Wohnungsräume
und das Verdrängen der christlichen Bevölkerung energische
Verwahrung bei der Regierung ein mit dem Bemerken, am Ende
würde das gute Lichtenfels noch eine „Juden-Wohnung" werden.
Hätten doch einige Israeliten schon dem Nachtwächter verboten
auszurufen: „Höret, ihr Christen!" [1] Kurz, die christliche Gemeinde wünschte das schon früher projectirt gewesene Ghetto.
Darauf erklärten die vermögenden Israeliten, sie würden die
Auswanderung in fremdherrischen Schutz vorziehen. Der für
die Angelegenheit berufene Referent der Regierung weist darauf
hin, dass die Juden von Lichtenfels der dortigen Bürgerschaft
während der preussischen Einfälle mit einem grossen Beitrag
an Baargeld und Fourage ausgeholfen hätten.[2] Der Landesfürst
entscheidet im ganzen für den *status quo*: Christen und Juden
dürfen nicht in einem Hause zusammenwohnen; Juden dürfen
keine Häuser besitzen, wo bei Prozessionen das Allerheiligste
vorbeigetragen oder Andacht abgehalten wird, oder mit welchen
die Holzberechtigung etc. verbunden ist; das Abtriebsrecht gegen
Judenhäuser wird den Andersgläubigen vorbehalten, dagegen das
Ghettoproject verworfen; den Beamten aber ist der Auftrag zu
erteilen, künftig gegen die Juden nicht allzu nachsichtig zu
sein, sondern mit gebührendem Diensteifer zu verfahren.

Dieser Beschluss wurde am 11./11. 1763 bei versammeltem
Stadtrat beiden Teilen verlesen und die Confessionen zur Ruhe
verwiesen. Die dagegen erhobene Vorstellung der Judenschaft
vom 4./1. 1764 (vgl. weiter unten) bemerkt: Häuser, die keine
Prozessionen vorüberziehen sehen oder keine Forstgerechtigkeit
besitzen, giebt es nur wenige in Lichtenfels, die aber nicht feil

---

[1] Vgl. Haenle: Juden in Ansbach S. 174.

[2] Aus dem Gutachten der Regg. hervorzuheben ist die Bemerkung, der
Landesfürst möge sich mit dem Domkapitel in Verbindung setzen, um zu verhindern, dass bei einem Interregnum so viele Schutzbriefe erteilt würden,
vgl. S. 54.

oder zu ihrer Ansiedelung nicht geeignet sind. Durch eine
Untersuchung ergab sich thatsächlich die Unmöglichkeit der
Ausführung der bischöfl. Verordnung, wenigstens innerhalb der
Ringmauern. Dennoch drängt die Bürgerschaft auf Verweisung
der Juden in die Vorstadt, obwohl dort Unsicherheit und Wassers-
gefahr herrschten und zu befürchten war, dass sie „von allen
Christen verlassen und der grössten Lebens-Gefahr ausgesezt
bleiben würden". Das Vorgehen der heuchlerischen Bürgerschaft
werden wir besser verstehen, wenn wir hören, dass einige sich
zum Kauf von Judenhäusern meldeten und andererseits ein Haus,
das 400 fl. gekostet, den Juden um 2000 fl angeboten wurde.
Die Letzteren bitten noch, die Regierung möge noch vor Fron-
leichnam eine mildere Verfügung erlassen, sonst wären sie der
grössten Misshandlung durch die Bürger ausgesetzt. Dem Ge-
wichte solcher Thatsachen konnte sich auch die Regierung
„zumahlen bey dem unter der Lichtenfelser Bürgerschaft soweit eingerissenen Geist der Unruhe und geschöpften Judenhass"
nicht entziehen. Sie empfiehlt also zu gestatten, dass die Juden
die auf ihren Häusern ruhende Forstgerechtigkeit an einen
Bürger verkaufen; dass ferner zum Auszug aus solchen Häusern,
an denen die Monstranz vorbeigetragen würde, der Termin eines
Halbjahrs bewilligt werde; endlich wird die Einschränkung oder
gar völlige Aufhebung des verhängnisvollen Abtriebsrechts, sowie die Vermehrung der 3 ordinationsgemässen Judenhäuser um
weitere 5 Häuser gleichfalls empfohlen.[1] Auf den letzten Vor-
schlag wollte sich aber der Landesfürst nicht einlassen.

Unterdess war der Geist der Unruhe zum Ausbruch gekommen. Kaum hatte Nath. Schola seine unter einem Dache
mit einem Christen gelegene Wohnung bezogen, da drang am
26. Juni 1764 der Bürgermeister Greim an der Spitze einer
Rotte von 25 Mann abends 9 Uhr in dieselbe ein und warf
seine geringen Habseligkeiten auf die Strasse. Dieses Vorgehen glaubte der Bürgermeister damit entschuldigen zu können,

---

[1] Im ganzen gab es nämlich nur 4 Judenhäuser in Lichtenfels, von
denen nur eines (seit 30 Jahren im Besitz des Israeliten Schola), an welchem
die Prozession vorbeizog.

dass Schola bei seinem Einzuge ins Städtchen sich nicht vorher bei der Bürgermeisterei angemeldet habe. Die Regierung beschliesst, den empfindlichen Bürgermeister sammt denjenigen seiner Spiessgesellen, welche Ehrenämter bekleideten, auf einige Zeit zu suspendiren und die anderen auf 3 Tage bei Wasser und Brod einzusperren. Da aber die Bürgerschaft zum Widerstand gegen die Ausführung dieses Urteils entschlossen schien, wurde ein Commando von 5 Husaren nach Lichtenfels befohlen. Einen Monat später aber wurde der Bürgermeister wieder in sein Amt eingesetzt.[1]

Wie die Israeliten von Lichtenfels von ihren Glaubensbrüdern in Bamberg in ihren Nöten unterstützt wurden, beweist folgende Eingabe:

Euer Hochfürstlichen Gnaden geruhen sich von dero sämtlich treugehorsamsten Bambergischen Judenschafft den unterthänigst-tief-schuldigsten Danck erstatten zulassen, dass höchst Ihro wegen den allzugrossen und gar zugefährlichen Wasseranlauff uns für diesmahl in unserer aufhabenden Schuldigkeit, die gewöhnliche Neu-Jahrs-Gebühren Persönlich zuüberreichen, Huldreichest *dispensiret*, und dagegen anbefohlen haben, sothane gebühren an höchst Ihro Hof Cammer-Rath und *Scatul*-Verwaltern Herrn Hoffstätter zuentrichten, demc auch von uns sogleich in aller Unterthänigkeit nachgelebet worden ist; Wir beklagen das neidige Glück, welches uns anheuer die ohnschäzbahre höchste Gnad geraubet hat, unseren gnädigsten und mildreichesten Landes-*Regenten* zuerblicken, und Höchst dem Selben mit dem eingetrettenen neuen Jahr zugleich auch unsere schuldigst-grundmüthigste *Devotion submissest* zubezeigen, wir klagen aber dieses um so billiger, als uns hiebey die Gelegenheit entgangen ist, Euer Hochfürstlichen Gnaden unseren Noth- und Wehe-Stand, in welchen besonders die Lichtenfelsser Judenschafft versetzet werden will, unterthänigst zu entdecken und mündlich aufzuclären; Wir sehen uns dahero vermüssiget, Euer Hochfürstlichen Gnaden zwey *Memorialien* unterthänigst zu füssen zulegen und höchst Ihro angelegentlichst bittlich anzuflehen, auf das eine (Jud *contra* Jud betreffend)[2] ernstgemessen gnädigst anzubefehlen, dass die Sache einstens zu Verendschafftung gebracht werden mögte, denn Euer Hochfürstlichen Gnaden können wir nicht verhalten, dass hierinnen, ob es schon Höchst Ihro mehrmalen ge-

---

[1] Schola, in Folge dieser Vorgänge völlig verarmt, verzog nach Burgkunstadt, wo ihn der Vogt aus dem Nebenhäuslein, das er mit 6 Kindern bewohnte, auf Beschwerde des Pfarrers, dass ein Jude bei einem Christen nicht zur Herberge sein dürfe, gleichfalls exmittiren wollte.

[2] Es handelte sich um die Erlangung der Jurisdiction (vgl. S. 192 ff.).

rechtest anzubefehlen geruhet haben, noch nichts geschehen seyn, auf das andere aber die Lichtenfelsser Judenschafft betreffend, an Ihro preysvolle Regierung zu Bamberg gnädigst *zurescribiren*, dass die von der Burgerschafft zu Lichtenfelss angebrachte vermeintliche Beschwehrde untersuchet, dagegen aber auch die in gegenwärtig unterthänigster *Supplication* von uns angeführte trifftigste Umstände, die wir Eüer Hochfürstlichen Gnaden zur mildesten Belaüchtung gehorsamst vorzutragen nothgedrungen seynd, in *Consideration* gezohen, sofort wir gegen die der Wahrheit gar viel zunahe trettende einseitige Vorstellungen gedachter Burgerschafft zu Lichtenfelss gehöret werden mögten, ansonsten wir bald ohne Wohnung, und somit auch ohne Nahrung seyn würden; Wir seuffzen sonach in einen wie in dem anderen um Barmherzig- und Gerechtigkeit, und werden nie aufhören, für sothane Höchste Gnadenszuwendung den Himmel um Höchst Ihre langwührige beglückteste Regierung inbrünstigst anzuruffen in tieffester Unterwürffigkeit ersterbende

Eüer hochfürstlichen Gnaden

unterthänigst-treu-gehorsamste sämtliche bambergische Judenschafts-*Deputirte.*

Bamberg den 6ten Jan. 1764.

Mit grösserer Gunst als anderswo wurde die Synagoge von Zeckendorf behandelt. Nachdem die alte Synagoge 1742 ein Raub der Flammen geworden, entstand sogar ein Wettbewerb, indem der Prälat des Kl. Langheim behauptete, sein Kloster sei vor Zeiten vom Hochstift damit privilegirt worden, dass die Synagoge von Zeckendorf wie bisher auf einem demselben lehnbaren Grundstücke erbaut werde,[1] während die Regierung, zur Wahrnehmung des Cammeral-Interesses, die Erbauung der Synagoge aus Quadern auf einem Bamberger Lehen durchsetzte (S. 116). Nachdem das Lehrershaus auf Grund des Abtriebsrechtes von einem Christen weggekauft worden, wird 1765 gestattet, für den Lehrer an oder bei der Synagoge unter der Bedingung eine winzige Wohnung zu bauen, dass die Gemeinde für die Concession 200 Rth. an die Hofkammer entrichte. Im benachbarten Demmelsdorf wollten die Israeliten in Rücksicht auf die Gefährlichkeit des Weges, den sie zur Synagoge

---

[1] Aehnlich in Bischberg (S. 139), wo das Kl. Michaelsberg den 1717 auf einem rittersch. Lehen aufgeführten Neubau der Synagoge als den Interessen des Klosters schädlich (S. 59) sogar demoliren lassen wollte, und gegen solche „Anmassung" die Ritterschaft des Kantons beim Bistum Protest einlegte.

nach Zeckendorf hatten, schon 1734 eine eigene Synagoge auf einem Garten erbauen, den Marx Wolf, der „Lehen-Schuldheis" des Gr. Giech, herschenken, während der Graf sogar die auf seinem Grundstück ruhenden Gerechtsame an das Stift abtreten wollte. Die Verhandlungen darüber ziehen sich bis 1748 hin. Welche Opfer gebracht werden mussten, um die Concession zu erlangen, beweist folgender

Entwurff der Juden-Schuhl *Concession* für die Judenschafft zu Demelssdorf.

Demnach Uns die Judenschafft zu Demelssdorff zu verschiedenen mahlen unterthänigst zn vernehmen gegeben hat, was massen derselben gar zu beschwehrlich falle, zu Winters-Zeith, und bey Nächtlicher Weile nicht ohne gefahr von bösen Leuten auf der Strasen angegangen und misshandlet zu werden, mit ihren Weiberen und Kinderen in die Juden-schuhl zu Zeckendorf, wie bisshero geschehen, ferners hin zu gehen, Dahero umb Unsere Landesherrliche Gnädigste Erlaubnus und Vergünsti-gung, zu erbauung einer Judenschuhl in Demelsdorf Uns eingangserwehnte Judenschafft, um ihrer mehrerei Sicherheit willen inständigst und ange-legentlichst gebetten, und sich dargegen anheischig und verbindlich ge-machet hat, von dieser Neuen Juden-schuhi nicht nur allein Jährlichen 5 fl. Schutz-Geld zu entrichten, sofort auch nebst denen Jährlich abfallenden schuhi-straff Gelderen, Von denen Judenschuhl-Stühlen in Veränderungs-fallen Unserer Fürstlichen Hof Cammer das gebührende Handlohn, Unserer Fürstlichen OberEinnahm aber die schuldige Steuer zu *praestiren*, sondern auch dem allhiesigen Zucht-Haus 10 Rthlr. so gleich Baar zu erlegen, und fürterhin Jährlichen 1 fl. eben dahin der Zuchthauss *Deputation* gegen schein zu entrichten, und Zwar *Termino Martini* 1749 darmit den anfang in der unterthänigsten Zuversicht zu machen, dass Wir derselben eben-mässig Fürstmildest zu verstatten gnädigst geruhen mögten, in den Gnädigst zu Bewilligenden Neuen Juden-Schuhl-Bau eine geringe Wohnung für einen Jüdischen schulmeister, oder Vorsinger gewöhnlicher massen hineinrichten zu dörffen; Und nun ab der Uns von Unserer Nachgeordneter Regierung über der Sachen wesentliche Beschaffenheit schrifftlicherstatteter Gehorsamster *Relation* sich so viel ergeben hat, dass die Vorgebrachte Bewegursachen mit dem noch besondern umbstand die wahrheit zum grund führeten, dass gedachte Judenschafft sothane 10 Rthlr., vermöge des Bey Unserer Fürstlichen Regierung *producirten* Original-Quittscheins der allhiesigen Zuchthauss-*Deputation* Bereits baar erleget habe; Solchem nach haben Wir Kein Anstand gefunden u. s. w.

Wir hatten schon oben Gelegenheit, Beispiele gemein-nützlicher Verdienste von Juden zu erwähnen, die auch bei den höchsten Stellen Anerkennung fanden. Hier noch einige ergänzende Nachrichten. Von seinem Hofjuden Seckel (S. 262) schreibt der Kurfürst au die Statthalterei in Bamberg v. 21., 7. 1696: „Nun muss ich bekennen, dass dieser Jud bisher ein grosses gethan, sonderbahr aber meine Ober Einnahmb dieses ganze Jahr über durch seinen Vorschuss auff eine solche weis aus dem nöth gerissen hat, dass man dardurch wenigstens zweyen ansehentlicher *capitalien* und folglich dem höchstbeschwehrlichen versaz mehrer ämbter und gefälle entgangen ist"; da er noch überdies versprochen, die Obereinnahme im Falle der Not nicht stecken zu lassen, wird derselbe mit Anweisung auf Zahlung vor dem Solde der Offiziere bevorzugt.[1] Gelegentlich eines Streites, den die Kultusgemeinde Bamberg mit dem Magistrate wegen seiner Nichterfüllung einer contractlichen Verpflichtung 1742 hatte, bemerkt der Fürst in einem Schreiben, dass die Judenschaft bei der 1740 herrschenden Getreidenot „bekanntlich ihre Schuldigkeit zu rettung des gemeinen nothstands getreulich" unter Darbringung von Opfern und durch Darbietung von Kapitalien, die sie selbst hatte ausleihen müssen, gethan. Bei der Gelegenheit hatte sich auch Sam. Hamburger (S. 262) hervorgethan, indem er der Bürgerschaft mit eigenem Verlust von 500 fl. Getreide geliefert, wofür ihm mittels Regierungsdecrets eine besondere Gnade zugesichert wurde. Nun hatte die Regg. 1730 das Halten von „*privat* schuhlen" bei 30 Thl. Strafe zu verbieten und die nicht in Schutz stehenden Schulmeister auszuschaffen beschlossen; und als damals Hamburger 75 fl. jährlich zu zahlen sich erbot, wenn man ihm gestatten würde, 4—5 Knaben in seinem Hause unterrichten zu lassen, wollte 1731 die Regg. sein Gesuch an höchster Stelle befürworten, wenn der Petent 100 fl. p. a. *praenumerando* an das neue Zuchthaus entrichten würde. 1742 bittet er nun um die Gnade, man möge ihm in Rücksicht auf seine Kränklichkeit gestatten, in seinem Hause Gottesdienst abhalten zu dürfen, was ihm in Rücksicht auf seine gehabten Ver-

---

[1] Statthalt.-Akt., wo v. J. 1703 erwähnt wird, dass dem Gabriel aus Fürth (Gabr. Fränkel, s. Haenle S. 87) während der Kriegswirren das Asylum in Bamberg zu gewähren sei, weil derselbe dem Hochstifte und dem fränk. Kreise treue Dienste geleistet.

dienste um das Gemeinwohl „*ad dies vitae*" unter der Bedingung
gewährt wurde, dass er 40 Rth. zum Zuchthause gebe, dass
ferner der Nachbarschaft „durch das Jüdische gebett kein un-
gemach zugefügt" werde, dass endlich nur 10 Personen am
Gottesdienst teilnehmen und weder ein Schulklopfer noch ein
fremder Vorsinger angestellt werde. Dem Deputirten Mayer
Eger, der nicht nur den Gemeindemitgliedern, sondern auch
durchreisenden Armen, die dafür verpflegt wurden, den Besuch
dieses Privatgottesdienstes verbieten wollte, wurde dies von
Seiten der Regg. bei 10 Th. Strafe untersagt.[1]

Gabr. Mayer hatte in Lonnerstadt eine Spinnfabrik, in
welcher c. 300 Personen beschäftigt wurden. In einem Jahre
der Teuerung 1773 hatte er beträchtliche Lieferungen an die
Obereinnahme, für welche er die ihm zugesicherte Belohnung
anzunehmen verweigerte.[2] Auch der immer unternehmungs-
lustige Hoffactor Hesslein (S. 263) konnte sich seiner Dienste
rühmen, indem er am 16. Juli 1798 schreibt: Ew. Hochf. Gnaden
wird es noch in Erinnerung sein, „welche wichtigen Dienste ich
zum besten des Hochstifts bey dem letzten Lieferungsgeschäfte
geleistet, und demselben mehrere Tausend erspart"; erst jüngst
habe er der Hofkammer Data gegeben, deren Verschweigung
ihm einen Nutzen von über 3000 fl. eingetragen hätte. „Da
ich nun entschlossen bin, sowohl Häuser als liegende Grundstücke, welches sonst auch in allen kais. Landen erlaubt ist,
anzukaufen, um ein *project* zu meinem Nahrungserwerb und
mehrerer andere Christen und Juden dadurch auszuführen",
bittet er um den erforderlichen Consens. Behufs Erleichterung
der der Geistlichkeit und den milden Stifungen 1799 auferlegten
Contribution erbot sich H. in einer Zeit, wo in der fürstl. Kasse
bedenkliche Ebbe herrschte, zu Lieferungen ohne Preisaufschlag
gegen Empfangnahme von Obligationen, und der Fürst äusserte

---

[1] Hamburger erlebte den Schmerz, dass nachdem er eine Tochter
durch die Taufe verloren hatte, 2 Söhne anscheinend zum gleichen Zwecke
das Vaterhaus verliessen.

[2] G. W. Günter in Nürnberg verkaufte 1791 seine zur Obereinnahme
in Bamberg lehenbare Spiegelfabrik zu Forchheim an den dompröbstischen
Schutzjuden Benedix Levi aus Fürth.

dazu: „Ich finde dieses Anerbieten sehr patriotisch". Auch Wolf Calman in Bamberg hatte sich um dieselbe Zeit durch seine Armeelieferungen grosse Verdienste erworben, die nach einer Regierungsäusserung „nicht nur nicht zu miskennen, vielmehr einer Belohnung würdig sein mögten".[1]

Die Anzahl der Getauften war, wenn auch verhältnismässig gering, doch am Ende des 18. Jahrh. grösser, als ursprünglich (S. 290) angenommen.[2] Hier ist an erster Stelle der spätere Polizeicommissarius Adam Fr. Sensburg, vormals Marx Gerst aus Lonnerstadt, zu nennen, der sich als Neuchrist durch seine Angebereien legitimiren zu müssen glaubte (S. 111). Noch 1761 wurde er als Jude, weil er während eines 10wöch. Aufenthaltes in Bamberg unter dem Titel eines k. k. Lieferanten unberechtigter Weise von der Entrichtung des Leibzolls sich dispensirt hatte, zur Strafe von 420 fl. verurteilt. Wir werden nicht fehlgehen bei der Vermutung, dass dies auf Betreiben seiner Glaubensgenossen, welche die Pacht des Leibzolls hatten, geschehen sei und hierin das Motiv seines Uebertritts zu suchen ist. Sofort nach seiner 1765 erfolgten Taufe ist er mit einer

---

[1] Für einen Lazar Katzauer aus Prag verwendet sich der k. k. Minister Gr. v. Schlick und der böhm. Reichstagsgesandte Gr. v. Sailern. Der Landesfürst äussert 1795: „Da auch ich für diesen Geschäftsmann eine besondere Achtung hege", so sei ihm der Aufenthalt gegen Leistung ansehnlicher Caution gestattet; „auf diese Art gedenke ich mir den Gesandten verbindlich zu machen, den Juden aber, der eine ausgebreitete Handlung haben soll, in seinem Credit bey Auswärtigen nicht zu schwächen". — Isr. Brühl in Bamberg war ein Schwager von Cerf Behr in Strassburg „einem sowohl in Friedens- als Kriegszeiten für die in 4 Provinzen Frankreichs liegende 20,000 Mann Kavallerie bestimmt seyn sollenden Lieferanten" (R.-A. 1784 Bd. 36, vgl. Graetz XI S. 188). — Der Kurpfälzische Resident Aaron Beer hielt sich 1705 in Bamberg auf, wo er gegen den sich auch zufällig dort aufhaltenden Amschel Wiener wegen Zahlungsforderung einen Haftbefehl beantragte. Löw Herz in St. Goar erhält 1709 für eine grössere Proviantlieferung nach Cassel ein fürstbischöfl. Patent der Zollfreiheit auf dem Main. 1760 wird ein kurpfälzischer Hof- und Milizfactor Elias Hajum erwähnt (Löwenstein: Juden in Kurpfalz 217).

[2] Die handschr. Jahrbücher der Jesuiten u. R. B. mcr. hist. 154b der Staatsbibl. in Bamberg liefern nebst den Vicariatsakten des Archivs kleine Beiträge zur Sache.

erfolglos gebliebenen Denuntiation wegen angeblicher Zollüber-
tretung gegen die Deputirten und die Hofkammer vorgegangen.
Während seiner Vorbereitung für den Uebertritt liess er auch
seine 4 Kinder gegen den Protest ihrer Mutter in einem christl.
Hause unterbringen. Als aber am 31./1. 1765 eine Tochter
des Gerst sich auf der Strasse blicken liess, näherte sich ihr
die Mutter mit anderen Glaubensgenossen, um sie zu entführen.
Der Berichterstatter dieser Sache erinnert an einen ähnlichen
Aufsehen erregenden Vorfall, der sich einige Jahre vorher in
Kitzingen zugetragen. Aehnliches ereignete sich, als 1781
Jak. Wolf aus Demmelsdorf, nachdem er von seiner Gemeinde
wegen einer rückständigen Schuld in den Bann gelegt worden,
unter dem Namen Ph. Ant. Treuberg getauft wurde. Die
Kinder, die der Täufling hatte nach sich ziehen wollen, ver-
schwanden mit ihrer Mutter aus Demmelsdorf. „Da nun an
Beförderung dieser das Seelen-Heyl dreyer kleinen Kindern“ be-
treffenden Sache viel gelegen war, wurde eine strenge und lang-
wierige Kriminaluntersuchung des Falles angeordnet, die aber
zu keinem Ergebnis führte. 1783 schreibt der Pfarrer von
Höchstadt: „Der Wunsch nach seelen Gewinn“ veranlasse ihn
zu der Mitteilung, dass Sam. Moses in Kairlindach das Juden-
tum verlassen und seine 5 Kinder mitbringen wolle; da es aber
gegen den Widerspruch seiner Frau geschehen muss, will er
dieselbe auf einige Tage zu ihren Verwandten schicken und
während ihrer Abwesenheit unter der Voraussetzung einer ander-
weitigen Versorgung flüchten; „die sach muss auch ganz in
geheim gehalten werden, ansonsten würde die judenschaft gleich
die Kinder auf seiten thun“.

Kinder mussten übrigens, wenn sie ohne Zustimmung ihrer
Eltern zur Taufe angemeldet wurden, die *annos discretionis* erreicht haben, und der Schein eines Zwanges wurde vermieden.
Der Unterhalt der Catechumenen wurde aus den milden Stiftungen
bestritten und zur Verpflegung etc. getaufter Juden wurden die
v. Erthal'schen Almosengelder verwendet. Welch schlimme
Erfahrungen die Kirche oft erleben musste an denjenigen, die
sich in ihren Schatten flüchteten, dafür nur ein Beispiel.
1793 meldete sich Jak. Mos. Schwabe aus Oberndorf, ein

Wandergelehrter, der an verschiedenen jüdischen „Universitäten"
studirt und nach seiner Angabe 4 Jahre lang auch die Anleitung
des Mos. Mendelssohn genossen haben sollte. Er beanspruchte
eine wöchentliche Unterstützung von 2 fl. und nur aus „Nebenabsicht" eine Versorgung, indem er „Information" in französi-
scher und in orientalischen Sprachen erteilen wollte. Aber ehe
es zum Taufact gekommen, war der Candidat bereits über alle
Berge. Der Fürstbischof äussert bei der Gelegenheit, dieser
Vorfall müsse zur Belehrung dienen, wie behutsam man solchen
Leuten gegenüber sein müsse.[1]

Die „Geschichte der Juden im ehem. Fürstbistum Bamberg"
muss der Verfasser hier mit einem Worte notgedrungener Ab-
wehr abschliessen. Auf S. 298 ff. hat der Verfasser auf Grund
eines ihm aus den Beständen des Kreisarchivs vorgelegten
Actenfascikels sachlich und ohne jede Nebenabsicht einen besonders in kulturgeschichtlicher Beziehung interessanten Prozess
der Herren v. Lobkowitz gegen das Bistum Bamberg be-
schrieben. Das in diesem Prozess ergangene Endurteil, das
auffallender Weise nicht bei den sonst vollständigen Prozess-
acten (*Hist. cat.* 374) zu finden ist, war dem Verf. unbekannt
geblieben. Wo eine Ernte abgehalten wird, da wird es immer
eine Nachlese geben für die Armen an Geiste, die darüber
lärmend herfallen. So hat einen gewissen J. L., dem es zur
Ehre gereicht, dass er sich wenigstens geschämt hat, seine
von confessionellem Hasse eingegebenen Beschimpfungen mit
seinem vollen Namen zu decken, ein glücklicher Zufall, wie
Saul die Königskrone, dieses Endurteil finden lassen. Leider

---

[1] Dass die Umwandlung der wahrscheinlich c. 1350 confiscirten alten
Synagoge in eine Marienkapelle bis spätestens zum ersten Drittel des 15. Jahrh.
vollzogen war, ist urkundlich nachgewiesen (S. 99 besonders nach Marschalk's
Bamb. Topographie S. 7 u. 15); folglich beruht die davon abweichende Auf-
zeichnung im Münch. cod. hebr. 410 (Steinschneider S. 196), worauf Porges
in Mschr. 1898 S. 477 aufmerksam machte, zweifellos auf einer irrtümlichen
Tradition. An meiner Auffassung (nicht „Uebersetzung") des § 11 der Tekanoth
(S. 70) muss ich gegen Porges (S. 478) festhalten. S. 245 Z. 2 von oben
lies 50 st. 25 u. Z. 6 l. 25 st. 50%; dagegen stimmen für Franken die
übrigen Berechnungen (vgl. Köberlin: fränkische Münzverhältnisse S. 20 ff.).

ist das Vergnügen des glücklichen Finders, den man viel
leicht besser einen Erfinder nennen sollte, kein voll-
kommenes. Denn dieses d. d. Prag 17. Aug. 1543 ausgestellte
Urteil lautet (Copialbuch 15 II. Rep. 27 F. 158) dahin, dass Bischof
und Capitel, „vonn der Clag vnnd anforderung geabsolvirt vnnd
muessig, vnnd der eingelegt vbergab vnnd Schuldbriff vernichtet
vnnd abgethann sein, doch sollen die Costscheden auss beweg-
lichen vrsachen gegeneinander Compensirt vnnd auffgehebt sein.“
Was geht daraus hervor? Dass die Forderung zurückgewiesen
wurde, weiter nichts. Urteilsgründe sind nicht angegeben,
so dass man nicht wissen kann, ob nicht rechtliche Gründe, vor
allem der energisch erhobene Einwand der Verjährung, für
den Schiedspruch massgebend gewesen.[1] Dass thatsächlich
ein Falsificat vorgelegen, dafür giebt es nach wie vor nur Ver-
mutungen und Behauptungen, aber keinen einzigen materiellen
Beweis[2], und deshalb darf das ein gewissenhafter Forscher
wenigstens nicht mit Bestimmtheit behaupten. Wer das
behauptet, der behauptet die Unwahrheit.[3] Vollends gar

---

[1] Das „vernichtet und abgethan“ ist nur die üblich gewesene Formel
für die Nichtigkeitserklärung der Forderung. Ist diese nichtig, gleichviel
aus welchem Grunde, so ist selbstverständlich auch der Schuldbrief als „vernichtet“ zu betrachten.

[2] 100 Jahre nach Ausstellung der Urkunde konnte der gegnerische Advocat
kein anderes äusseres Merkmal der Unechtheit nachweisen, als einen Bruch
auf dem Rücken des Hauptsiegels. Vgl. dagegen das Zeugnis des Magistrats
von Prag (Geschichte S. 305), der noch 1535 das Original in jeder Beziehung
„an pergment, schrift und Insigeln ganz gerecht und on allen Argkwon“
gefunden. „Eine Urschrift, die von allem Fehler von Seiten der äussern
Kennzeichen frei ist, darf ihr Ansehen nicht verlieren, ob sie schon zu sehr
dem Anschein nach starken Verdachten Gelegenheit gebeu von Seiten der
innern Kennzeichen“ (Adelung: Neues Lehrgebäude der Diplomatik Bd. 9
S. 460 § 667). „Die ganz oder zum Theil zerbrochenen ... Siegel bringen die
Charten nicht um ihr Ansehen“ (S. 552 § 950).

[3] Dass in der Darstellung des Hauptwerkes mitgeteilt worden sei, das
Bistum habe die Schuld „abgeleugnet“, ist gleichfalls eine Unwahrheit.
Ferner: die Verwandlung eines Prozesses der Herren v. Lobkowitz in einen
„Prozess des (lange vorher verstorbenen) Juden Mayer gegen Bamb. Fürst-
bischöfe“, der nie stattgefunden, weil bekanntlich die Geister der Verstorbenen
keine Prozesse führen, kann doch wohl nichts anderes haben bezwecken wollen,
als Erregung von Sensation, Verhetzung und Irreführung harmloser Leser.

die von anderer Seite aufgestellte Behauptung, dass das
Urteil die Thatsache der Fälschung „ausdrücklich anerkannt“
habe, ist eine unverantwortliche Entstellung der objectiven
Thatsachen. Doch gleichviel, was liegt daran? Gesündigt
ward und wird allerwärts, und am meisten mit der Feder.[1]
Wenn, um nur aus der Localgeschichte eine Kleinigkeit zu erwähnen, im Jahre 1707 (nach Prof. Weber im 42. hist. Vereins-
berichte S. 121) Studenten der Academie in Bamberg ihre Zeugnisse mit Hilfe eines nachgemachten Siegels fälschten, warum
sollte es vor mehr als 400 Jahren nicht auch einen der nicht-
christlichen Confession angehörigen Mann gegeben haben können,
der es verdiente, in die Gallerie berühmter Fälscher eingereiht
zu werden? Im übrigen verlohnt es sich nicht der Mühe, aus-
führlich auf Machwerke eines Ungenannten einzugehen, die
unter Ausschluss der Oeffentlichkeit erschienen sind, und wäre es
eine unverdiente Ehre, in einem Werke, das der geschichtlichen
Wahrheit und nicht der Parteipolitik dienen soll, Aeusserungen
einer rückständigen Gesinnung zurückzuweisen, die unwürdig
sind eines Mannes der Wissenschaft. Der Prozess „ohne Ende“
hat hoffentlich damit sein Ende erreicht. Der Verf. wenigstens
wird sich an das Wort der Schrift halten: „Dem Thoren ant-
worte nicht nach seiner Thorheit!“

---

[1] Der 7. Teil des von Benedictinern verfassten „*Nouveau traité
de diplomatique*“ (Paris 1765) sei dem J. L. zur andächtigen Lecture empfohlen. Er wird aus der dort enthaltenen Geschichte der Urkundenfälschungen
ersehen, dass Israeliten es nicht waren, die zu diesem Teile der *chronique
scandaleuse* die Beiträge geliefert. (Vgl. noch Leist: Urkundenlehre S. 13 ff.)

REGISTER.

Preis-Ermässigung.

Um mit den noch vorhandenen Exemplaren
zu räumen, verkaufen wir nunmehr

Geschichte der Juden

im

ehemaligen Fürstbistum Bamberg,

bearbeitet auf Grund von Archivalien,

nebst urkundlichen Beilagen,

von

Dr. A. Eckstein,

Distriktsrabbiner

das broschürte Werk für <del>~~~~</del> nur 3 Mark, das
elegant gebundene Exemplar für **nur 4 Mark**
incl. Nachtrag.

Wir sehen recht zahlreichen Bestellungen
entgegen.

Der Verlag:

Handels-Druckerei zu Bamberg.